KB095379

복잡한 법 말고,
진짜 성범죄 사건

채 다 은 변 호 사 가 설 명 하 는

복잡한 법 말고,

진짜
성범죄
사건

채다은 지음

좋은땅

시작하는 글

　2020년 봄은 대한민국이 n번방 사건으로 큰 충격에 휩싸인 시기였습니다. 이는 텔레그램을 이용한 성착취 사건 등 사이버 성범죄로 인한 피해가 날로 증가하고 있음에도 불구하고 법이 이러한 변화에 제대로 따라가지 못한다는 현실에 경종을 울리게 한 사건이었습니다. 사건이 세상에 제대로 알려지기 전까지 관련 피고인들은 단순히 음란물을 유포한 정도의 혐의로 매우 경한 처벌을 받고 있었고, 판결 결과가 알려지자 공분을 사기도 하였지요.

　이와 같은 문제점을 해결하기 위해 2020년 5월 19일 「형법」이 개정되어 기존에 13세 미만인 피해자인 경우에만 적용하였던 미성년자의제강간 · 강제추행 규정의 연령기준을 16세로 상향하였고, 강간 범죄의 경우 예비 · 음모죄를 신설하였습니다. 그리고 2020년 6월 2일 「아동 · 청소년의 성보호에 관한 법률」 개정을 통해 '아동 · 청소년이용음란물'이라는 용어를 '아동 · 청소년성착취물'이라는 용어로 변경하였고, 「성폭력범죄의 처벌 등에 관한 특례법」은 2020년 5월 19일 개정을 통해 카메라 등 이용촬영죄 등 성폭력범죄의 법정형을 상향하였고, 불법촬영물의 소지·구입·저장·시청에 대한 처벌규정을 신설하였습니다.

이렇듯 관련 규정을 정비하여 사이버 성범죄 피해 발생을 미연에 방지하고 범죄로부터 안전한 사회를 구현하고자 노력하고 있으나, 한편으로는 성범죄의 경우 법정형이 국내 다른 범죄에 비해 점점 더 높게 설정되고 있어 부작용이 생길 위험성도 점점 커지는 것이 아닌지 우려가 되는 점도 적지 않습니다.

그렇기 때문에 개별적인 범죄 행위들에 강한 처벌을 할 수 있도록 법정형을 강화하는 것보다는 미국식 합산제를 도입하여 n번방과 같이 피해자가 많고 다양한 범행으로 여러 범죄의 혐의를 받는 자에 대한 개별적인 엄벌이 구체적 타당성의 측면에서 더 옳다는 생각이 들기도 합니다.

범죄 행위가 디지털을 이용하는 경우 기존에는 예상하지 못하였던 형태의 신종 범죄가 탄생하게 되고, 또한 그 파급력은 크고 그 변화 속도는 법이 따라가기 어려울 정도로 빠릅니다. n번방의 폭풍이 지나가기가 무섭게 딥페이크를 이용한 신종 성착취물에 대한 피해가 발생하고 있습니다. 딥페이크는 인공지능 기술을 통해 특정 인물의 얼굴과 또 다른 인물의 신체를 합성한 영상 편집물을 말합니다. 이러한 기술로 인해 나이 어린 여성 연예인은 물론 일반인에 이르기까지 많은 피해자가 양산되고 있습니다. 더욱이 목소리를 합성하여 만든 음란물인 딥보이스와 섹테, 그리고 예전에는 연예인 팬픽이라는 이름으로 널리 알려지기도 하였던, 실존 인물 간의 성행위 등을 묘사하여 제작한 글인 알패스까지 다양한 방식의 디지털 성범죄가 문제되고 있습니다. 따라서 앞으로도 관련 규정들은 계속 개정될 것이고 사회적 문제도 끊임없이 제기될 것으로 예상됩니다.

한편 2021년 1월 1일부터 검경 수사권 조정의 일환으로 형사사법 제도가 개편되어, 성범죄 사건은 모두 경찰서에 고소장을 접수하도록 바뀌었습니다. 따라서 성범죄 사건의 경우 기존에 검찰청에 고소하여 진행하는 직고소 사건은 없어지게 되었습니다. 따라서 검찰청에 고소장을 접수하는 경우 접수가 반려될 위험이 있으니 반드시 고소장을 경찰서에 접수해야 하겠습니다.

이번 개정판에서는 2020년도 성범죄 법규 중 개정된 부분을 모두 반영하였고, 2020년 신설된 성착취물 소지에 대한 판례와, 만 13세 이상 미성년자에 대한 미성년자의제강간 판례 등을 소개하였습니다.

또한 최근 이슈가 되었던 2020년 레깅스 불법촬영 유죄 대법원 판례와 2021년 블랙아웃 준강제추행 유죄 대법원 판례에 대해서도 추가로 다루었습니다.

작년에 처음 이 책을 소개하면서는 단순히 저희 사무실을 방문하는 의뢰인을 위해 설명·안내하는 책 정도로만 생각해서 큰 기대 없이 서둘러 출판을 하였습니다. 그럼에도 의외로 제 책을 사랑해 주시는 분들이 계셨고, 그러한 분들을 위해 새로 출간하는 마음으로 많은 부분을 고치고 또 새로 적었습니다.

모쪼록 이 책이 도움을 필요로 하시는 분들에게 작은 힘이라도 될 수 있길 간절히 바라 봅니다.

봄을 맞이하느라 공기도 따사로워진
2021년 2월의 어느 날

채다은

형사 사건을 준비하며

- 변호사가 하는 말과 쓰는 글은 어려워요

지인 중에는 판결문을 들고 와서 대체 이게 무슨 소리냐고 물어보는 분도 있습니다. 법을 다루는 내용과 표현이 어렵다 보니 자연스레 변호사가 하는 말이나 쓰는 글도 어려울 수밖에 없겠지요.

어떤 때는 일부러 전문적이어 보이려고 어렵게 말을 하는 경우도 있을 것입니다. 아니면 평소 늘 사용하다 보니 듣는 사람이 이해할 수 있는지를 생각하지 않고 말을 하는 경우도 있을 것이고요.

제가 막 변호사가 되었을 때 당시 대표변호사님께 "○○○씨 사건이 검찰로 넘어갔어요."라고 말했다가 "그런 건 송치라고 하는 거"라며 '그것도 모르냐'라는 식의 핀잔을 들은 적이 생각납니다. 사실 한두 번 써 보면 별것도 아닌 용어인데, 왜 이렇게 초반에 입에 잘 붙지 않던지. 변호사도 그런데 법률가가 아닌 의뢰인에게는 그런 단어들이 얼마나 생소하고 어렵겠습니까.

그래서 요즘은 의뢰인과 상담을 하며 이야기할 때는 일부러 전문

용어를 잘 사용하지 않습니다. 의뢰인은 안 그래도 사건에 얽혀서 골치가 아픈데, 상담을 하면서 일상에서 쓸 일이 없는 어려운 단어까지 이해해야 할 필요가 없다고 생각하기 때문입니다.

그런데 책을 쓰려고 하니 쉽게 풀어쓰면 말이 너무 길어질 수도 있고, 부정확하게 전달될 수도 있어서 부득이하게 최소한으로 필요한 법률 용어를 사용할 수밖에 없었습니다. 그래서 본문 앞에 용어에 대한 설명을 쉽게 적어 놓았습니다.

사실 이러한 단어를 몰라도 이 책을 이해하는 데 아무런 지장이 없으리라 생각되나, 혹시 궁금할 때 급히 찾아볼 수 있도록 적어 놓은 것이니, 자세한 내용은 전공서적이나 온라인 사전을 통해 찾아보시면 좋을 것 같습니다.

- 법 조항이 왜 이렇게 많나요. 이거 다 알아야 되나요

변호사가 쓰는 책은 전공서적이 아닌 경우에도 법조문이 나열된 경우가 적지 않습니다. 사실 그건 변호사가 알아야 하는 것이지 비법률가인 의뢰인이 알 필요는 거의 없을 텐데 말이지요.

어찌 보면 우리가 다루는 모든 논의의 시작이 짧은 법조문에서 시작되기 때문에, 그것을 제일 먼저 소개하는 것이 정석입니다. 그러나 저는 이 책을 통해 실제 사례를 주로 소개하여 독자들에게 쉽게 다가갈 수 있기를 바랍니다.

이 책의 내용들은 제가 직접 변호하였거나 대리한 사건, 혹은 실제 판례 내용으로, 피의자나 피해자가 특정되지 않으나 본질을 훼손하지 않는 선에서 사례를 각색하여 담은 것임을 미리 알려 드립니다. 실제 사례를 통해 관련 정보가 필요하신 분들에게 도움이 될 수 있길 희망하는 마음에서, 어려운 법적 쟁점이나 구체적인 절차, 법조항 등은 최소한으로만 다루고 사실관계나 사건 진행에 집중하여 소개를 하였습니다.

- 변호사를 꼭 선임해야 하나요

저는 일반적인 사건에서 "웬만해서는 고소하지 마시라."라거나, "소송하지 마시고 당사자끼리 얘기해 보셔라."라나 "변호사 선임하지 마시고 혼자 하시라."라는 말을 많이 합니다. 그게 법률사무소의 대표로서 바람직하지 않은 영업방식이라는 생각도 하지만, 고소나 소송은 절대로 '최선의 수단'이 아니며, 도저히 해결이 안 될 때 하는 '최후의 수단'이기 때문입니다.

소송은 서로 변호사를 선임해야 하는 경우 수백에서 수천만 원의 변호사 비용을 발생시키고, 적게는 몇 달, 많게는 몇 년의 시간을 들여야 하기에 경제적·시간적·감정적으로도 몹시 소모적인 방법입니다. 따라서 당장 변호사를 선임해서 사건을 진행하시라는 말로 소송을 권하지 않습니다.

그러나 성범죄 사건의 경우는 얘기가 다릅니다. 그 이유는 객관적이고 구체적인 증거가 없는 경우가 대부분이고, 피해자와 피의자의 진술 자체만을 증거로 하여 유무죄가 정해지기도 하기 때문입니다. 따라서 변호인과 함께 사실관계를 정리하고 조사에 참여하여 조서를 작성하는 것이 해당 혐의에 대응하는 최선의 방법입니다.

더욱이 성범죄의 경우 일반 범죄들과 달리, 유죄가 인정되는 경우 신상정보가 공개되기도 하고 취업제한 및 전자발찌(위치추적 전자장치)의 착용까지 예정할 수 있으므로 수사 초반부터 매우 신중하게 대응해야 합니다. 한편 성범죄에는 많은 특징이 있어 비법률가로서는 해당 부분을 연구하거나 이해하는 데 어려움이 많고, 인터넷 등에는 정확하지 않은 정보들도 적지 않기 때문에 이를 선별할 능력이 없다면 절대로 혼자 대응해서는 안 됩니다.

따라서 성범죄만큼은 반드시 변호사를 선임하여 대응하시길 강력이 권할 수밖에 없습니다. 대신 좋은 변호사를 잘 선임하셔야겠지요. 이에 대해서는 마지막 부분에 정리해 두었으니 참고하시길 바랍니다.

성범죄 사건이라서, 성범죄 사건이기 때문에

- 성범죄 사건을 맡아 줄 변호사는 어디서 찾나요?

성범죄 사건은 다른 형사 사건들과 다른 몇 가지 특이점이 있습니다. 주로 '나를 모르는 변호사'를 선임하려 한다는 것입니다. "사실 저희 집안에도 변호사가 있는데, 제가 성범죄에 연루된 사실을 도저히 알릴 수가 없어서, 인터넷을 찾아보고 변호사님을 찾아왔습니다."라고 하시기도 합니다.

만약 내가 사업을 하다 사기를 당했다고 한다면, 우리는 주변 지인들에게 잘 아는 변호사가 있는지, 혹은 믿을 만한 변호사가 있는지를 문의할 것입니다. 그러나 내가 성범죄 혐의를 받게 되었다면 어떨까요? 생각만으로도 민망하고, 주변 사람들에게 알리기 싫을 것입니다. 나의 은밀한 사생활에 대한 소문이 날 수도 있고, 가족들이 알게 되면 실망할 수도 있겠죠. 사정이 이렇다 보니 성범죄는 은밀하게 상담하고 변호사를 선임하는 특징이 있습니다. 그렇기에 인터넷 광고가 가장 성행하는 분야이기도 하지요.

이러한 특징이 있다 보니 성범죄 사건을 수임하기 위하여 막대한 비용을 들여 광고를 하는 변호사 사무실들이 등장하기도 했습니다. 누구에게 속 시원히 말도 못 하겠고, 넘쳐나는 광고 속에서 어떤 사무실을 선택해야 하는지 알 수가 없으므로, 성범죄 혐의를 받은 사람들이 정보를 공유하는 카페가 생기기도 했습니다.

- 가족에게 알리고 싶지 않아요

성범죄 사건을 수행하면서 사건 초기에 가장 신경 쓰는 부분은 바로 '비밀보장'입니다. "변호사님, 경찰서에서 집으로 전화하거나 우편물을 보내지는 않나요? 저희 가족이 보면 큰일 나거든요." 의뢰인은 자신이 성범죄 혐의를 받고 있다는 사실이 주변에 알려지는 것을 가장 신경 씁니다. 따라서 변호인이 되면 변호사 사무실로 '송달주소변경신청'이라는 것을 하지요. 이렇게 되면, 우편물이나 소환장 등이 변호사 사무실로 옵니다. 따라서 갑자기 구속이 되는 등의 상황이 발생하지 않는 한 가족 모르게 사건이 마무리될 수 있습니다.

애석하게도 불법촬영(카메라등이용촬영죄)의 경우, 수사관이 갑자기 피의자의 집이나 사무실로 찾아가 휴대전화와 외장하드 등을 압수수색하는 경우가 적지 않습니다. 이런 경우 수사관이 피의자에게 압수수색영장을 제시하는 과정에서 직장 동료들이 영장을 보고 안좋은 소문이 나는 경우가 허다하지요. 이는 불법촬영물이 유포될 우려가 있기 때문인데, 자신이 고소 당한지 모르는 상황에서 신속하게 휴대전화를 확보하여 불법촬영물이 있는지 확인하고 유포하지 못하도록 조치하는 것입니다.

따라서 불법촬영 혐의가 없고 구속되지만 않는다면, 유죄가 인정되는 경우라 하더라도 가족들 모르게 마무리되는 경우도 많습니다.

- 무조건 합의를 해야 하는 건가요?

"성범죄 사건에 얽히면 어차피 무죄받기는 글렀으니, 무조건 합의해야 한다."라는 말이 많지요. 솔직히 반은 맞고 반은 틀린 말입니다. 왜냐하면 성범죄는 일단 기소되어 재판으로 가는 경우 무죄를 받기가 정말 어렵습니다. 따라서 충분히 무죄를 소명할 수 있는 사안이 아니라면 합의를 하는 것이 현실적으로 가장 좋은 결과를 낳기도 하지요.

그러나 무죄를 주장하는 경우 수사 초기단계부터 확실하게 대응을 하면 수사단계에서 혐의없음 처분을 받아 그대로 사건이 종결하는 경우가 적지 않습니다. 그리고 법정에서 무죄를 다퉈 받아들여지는 경우도 쉽지는 않지만 그렇다고 무죄가 선고되는 경우가 드물지도 않습니다.

다만 여기서 중요한 것은 무죄가 인정될 것으로 보이는지, 아니면 유죄가 무조건 인정되는 경우인지를 스스로 판단해서는 안 된다는 것입니다. 성범죄 혐의를 받는 사람들 중 자신의 혐의를 인정하는 경우는 거의 없습니다. 당시에는 분위기가 좋았다거나 자신은 전혀 성범죄를 의도하지 않았었다고 주장하는 경우가 대부분입니다.

냉정하게 말해서 판례상 유죄가 명백한 경우에도 거의 대부분의 피고인들은 자신의 억울함을 호소하며 무죄를 주장합니다. 그렇기 때문에 절대로 자신이 생각대로 행동해서는 안 되며, 고소인과의 관계, 사건 전후의 상황 등을 면밀히 따져 이러한 경우 무죄가 선고된 적이 있는지, 자신의 경우 기존의 사례들과 다른 점은 무엇인지를 살펴서 신중하게 대응하여야 합니다.

- 피해자의 진술만으로 어떻게 유죄가 되는 거죠?

성범죄는 대부분 목격자가 없는 곳에서 은밀하게 일어난다는 특징이 있습니다. 따라서 피해자가 자신의 피해를 진술하는 것 외에 증거가 없는 경우도 적지 않습니다. 상황이 이렇다 보니 '일반적으로 피해자가 성범죄 피해사실을 타인에게 진술하는 것은 수치심이 드는 행위이므로, 피해자가 피의자를 음해해야 하는 등의 특별한 사정이 없는 한 그 신빙성을 쉽게 배척해서는 안 된다.'라는 것이 수사기관과 법원의 기본적인 입장입니다.

따라서 피해자의 진술과 다른 객관적인 사실이 드러나지 않는 이상, 피해자의 진술은 증거로서 강한 가치를 가집니다. 따라서 피해자의 진술만으로도 충분히 유죄가 성립될 수 있습니다.

- 성관계 할 때 녹음을 해야 유리한가요?

요즘 성관계를 하면서 녹음을 하면 무죄를 받는다는 말이 있다고 하던데, 이것이 꼭 맞는 말인 것은 아닙니다. 녹음한 음성을 통해 여성이 성관계에 동의하는 명백한 느낌을 주지 않는다면 오히려 불리할 수 있습니다.

제가 담당했던 사건 중에서도 성관계 도중 녹음한 파일과 녹취록을 제출했는데, 오히려 피의자가 녹취를 하였다는 것에 '피의자가 느끼기에 이 성관계가 정상적이라고 생각하지 않았으니 고소를 대비하기 위해 녹음한 거 아니냐.'라며 유죄의 확신을 주는 증거자료 중에 하나로 쓰이기도 했습니다.

- 어떤 경우에 구속이 되나요?

저는 변호사가 되기 전에 구속이라는 게 어떤 건지 간접적으로라도 경험해 보지 못해서 그 심각성을 잘 몰랐던 것 같습니다. 아마 이 책을 읽는 대부분의 독자들도 마찬가지이지 아닐까 싶습니다. 저는 이 일을 하면서 왜 구속하지 않고 수사를 하는 것이 원칙으로 정해졌는지, 그게 얼마나 중요한 것인지 많이 깨닫고 있습니다.

구속을 당하면 일상에서 당연히 누리던 소중한 것들을 한순간에 잃게 됩니다. 일단 직장을 잃습니다. 그리고 가족들과 쉽게 연락하거나 만날 수도 없고, 주변인이 구속 사실을 알게 되는 경우가 많아 사회생활에도 지장이 생깁니다. 휴대전화도 사용하지 못하고 담배도 못 피우고 마음대로 씻지도 먹지도 못합니다. 그 불편함은 말할 필요도 없지요.

사회인이 직장을 잃고 성범죄 혐의로 수사단계에서부터 구속이 된다면 추후 다시 직장을 얻기도 어렵고, 가정이 파탄 나는 경우도 적지 않습니다. 설령 이후 혐의없음 처분이나 무죄 판결을 받는다고 하더라도 구속으로 인해 잃은 것들은 돌아오지 않습니다. 그렇기에 구속은 그 필요성이 매우 높은 경우에만 최소한으로 이뤄져야 한다고 생각합니다.

그러나 강간과 같이 벌금형이 없는 범죄의 경우, 피해자에게 협박을 했다거나, 연인 사이여서 연락처나 사는 곳을 알아 추후 2차 가해를 할 우려가 있는 경우에는 경찰 수사단계부터 구속을 시키는 경향이 있는데, 이는 초범이라고 하더라도 크게 다르지 않습니다.

경찰이 조사받으러 오라고 하는데 연락도 없이 출석하지 않는 경우 도주의 우려가 있다고 하여 구속될 가능성이 높습니다. 또한 휴대전화를 이용해 불법촬영을 하였는데, 경찰이 임의제출을 요구했음에도 불구하고 해당 휴대전화를 숨기거나 버리는 경우에는 증거인멸에 해당하기 때문에 구속될 가능성이 매우 높아집니다. 따라서 섣불리 이러한 행위를 하면 구속될 위험이 있으니 절대로 해서는 안 되며, 변호인과 먼저 상담을 하고 결정해야 할 것입니다.

목차

준강간

준강간죄는 사람의 심신상실 또는 항거불능의 상태를 이용하여 간음함으로써 성립하는 범죄를 말합니다. 비법률가인 경우 강간과 준강간을 구별하는 경우가 드물어서, 준강간 사안에 대해서도 강간으로 고소를 하는 경우가 많습니다.

성범죄 사건 중 가장 흔한 케이스 중 하나는 술에 취한 여성과 클럽에서 만나거나, 술에 취한 여성과 길거리에서 만나 성관계(원나잇)한 경우에 피해자로부터 준강간으로 고소를 당하게 되는 것입니다.

강간과 준강간은 3년 이상의 유기징역에 처하도록 하는 법정형은 동일합니다. 그러나 강간은 폭행이나 협박을 이용해서 간음하는 것이고, 준강간은 피해자가 술이나 약에 취해 있거나, 잠들어 있는 상황을 이용하여 간음하는 것이므로 행위 유형에서 그 차이가 있습니다.

형법

제297조(강간) 폭행 또는 협박으로 사람을 강간한 자는 3년 이상의 유기징역에 처한다.

제299조(준강간, 준강제추행) 사람의 심신상실 또는 항거불능의 상태를 이용하여 간음 또는 추행을 한 자는 제297조, 제297조의2 및 제298조의 예에 의한다.

대부분의 형사 사건이 그렇듯 수사단계에서 혐의없음 처분을 받지 못하면 무죄를 받기란 정말 힘듭니다. 따라서 첫 경찰조사부터 변호인을 대동하여 최선을 다해 방어하시기를 권합니다. 수사단계에서 최선을 다했음에도 기소를 막지 못한다면, 법원에서도 크게 달라지지 않는다고 생각하셔야 합니다. 100%는 아니지만 그만큼 수사단계에서 방어가 중요하다는 뜻입니다.

간혹 "억울하니까.", "난 당연히 무죄니까.", "내가 변호인 선임하면 찔리는 줄 알까 봐." 변호인을 선임하지 않아도 될 것이라 생각하는 분들이 계시는데, 그렇게 사건을 안일하게 생각했다가 일을 심각하게 그르치는 경우를 너무나 많이 봤습니다.

수사단계에서 본인은 무죄이기 때문에 솔직하게 사실대로 말했다고 하는데, 사건이 기소되었다고 저희 사무실을 찾아옵니다. 도무지

왜 기소가 되었는지 이해가 안 된다는 말도 합니다. 그런데 제가 변호인으로 선임되어 피의자 신문조서를 열람해 보면 피의자가 수사기관에 자백한 진술이 수두룩합니다.

이런 경우 재판에서 뒤집기는 거의 불가능하다고 봐도 좋습니다. 왜냐하면 성범죄 사건의 경우 진술증거만 있는 사건이 매우 많은데, 피해자의 진술과 피고인의 진술 중 누구의 진술이 더 신빙성이 있고 더 신뢰할 수 있는지가 유무죄 판단을 좌우하는 중요한 열쇠가 됩니다. 그런데 피고인 스스로가 진술을 계속 바꾸게 되면 당연히 피고인 자신에게 불리한 결과를 받기가 쉽겠죠.

물론 본인은 일관되게 주장하였다고 생각하나, 법적으로는 '아' 다르고 '어' 다른 경우가 많으며, 그걸 비법조인은 판단이 서지 않기 때문에 공소사실 인부에 대해서조차 일관되지 않은 주장을 하거나, 구성요건에 대해 왔다 갔다 하는 주장을 하는 경우도 매우 많습니다. 따라서 전문가가 아닌 한, 자신의 판단을 믿어서는 안 됩니다. 절대로요. 꼭 드리고 싶은 말씀은, '처음 만난', '술에 상당히 취해 보이는 이성'과는 절대로 성관계를 해서는 안 된다는 것입니다.

준강간의 경우 수사단계부터 구속될 확률이 매우 높습니다. 간혹 술에 취한 여자가 자신에게 의지해 걷거나, 기대거나, 팔짱을 끼거나 하는 등 스킨십이 있었다며(키스를 했는데 거부를 안 하더라는 주장은 거의 99% 나옵니다), 이를 성관계의 OK 사인으로 생각해 원나잇까지 하는 경우가 많습니다. 이는 정말 위험한 일입니다.

특히 요즘은 CCTV가 골목마다 있고 모텔마다 있고(출입구, 복도, 엘리베이터 등등) 편의점마다도 있지요. 그렇기 때문에 여성이 얼마나 똑바로 걷는지(부축을 받아야 걸을 수 있는지, 아니면 스스로 걷고 있는지), 어떠한 행동을 하는지를 CCTV로 관찰한 결과, 과연 성관계에 동의할 수 있을 정도로 멀쩡한 정신 상태에 있는지 등을 객관적으로 확인합니다.

그럼에도 모든 피의자들은 "멀쩡했다.", "CCTV를 보니 많이 취해 보이기는 하는데, 방에서는 나랑 대화도 잘했다."라고 주장합니다. 그러나 CCTV에서 혼자서는 제대로 서 있지도 못하는 피해자의 영상이 있다면, 피의자의 주장은 받아들여지는 경우가 거의 없습니다. 정말 대화를 나누지 않고서는 알 수 없는 피해자의 개인정보를 술술 말하지 않는다면 말이죠.

결국 피의자의 주장처럼 피해자와 함께 '멀쩡하게' 대화를 나눈 사실을 입증할 수 없다면, 당시 피해자의 상황을 가장 객관적으로 대변해 주는 건 'CCTV 영상'이라는 객관적인 자료입니다. 그것은 "내가 보기엔 멀쩡한데요?"라고 우기거나 '저 영상은 조작'이라는 몇 마디로 쉽게 뒤집을 수가 없습니다.

사귀는 사이이거나 원래 아는 사이라면 카카오톡 대화 등이 가장 중요한 자료일 수 있으나, 원나잇의 경우 그러한 자료는 없는 경우가 대부분이므로 CCTV 영상이 가장 강력한 증거가 됩니다.

진짜 성범죄 사건

소개팅 준강간 고소 / 혐의없음

A는 소개팅으로 여성 X와 처음 만났습니다. A와 X는 첫 만남부터 서로에게 호감을 갖고 있었지요. 그래서 두 사람은 소개팅 다음 날에도 다시 만나는 등 데이트를 하였습니다. 두 사람은 A의 집에서 같이 밤을 보내기도 하며, 몇 주 간 만남을 이어 가고 있었습니다. 그러던 어느 날 두 사람은 서로의 의견차이로 다투게 되었고, 이때 A가 X에게 "우리는 잘 안 맞는 것 같다."라며 헤어짐을 통보하였습니다.

그러자 X는 갑자기 'A가 자신이 술에 취해 있을 때 자신을 강간했다.'라며, A를 (준)강간으로 고소하였습니다.

위와 같은 사례가 적지 않습니다. 이러한 상황에 놓이게 된다면 다음의 내용을 유념하고 대응하시길 권합니다.

(1) 적어도 합의하에 한 것이 맞다면, 상대방에게 절대로 애매한 사과를 하지 마세요.

1심에서 유죄로 인정되어 항소심 변호사를 찾는 경우, "(어제 일을) 사과하면 용서해 주겠다고(고소 안 한다고) 해서, 전날 다투면서 심한 말을 했던 일이 있어서 '어제는 정말 미안했어.'라고 사과를 한 것이었는데 그 말이 증거로 쓰여서 유죄가 되었어요. 억울합니다."라는 상담이 너무나 많습니다.

일단 상대방이 성범죄에 대한 피해를 주장하거나 갑자기 '너 나 강간했지?'와 비슷한 유형의 말을 한다면, 일단 해당 사실관계에 대해 명백히 말할 필요가 있습니다.

사과를 할 때에도 "내가 어제 너에게 심한 말을 한 것에 대해 사과한다."라는 식으로 정확히 짚어 가며 이야기하는 것이 필요합니다. 이는 상대방이 유도질문을 하면서 자신에게 유리할 증거를 만들기 위해 당신이 하는 말을 녹음하고 있는 가능성이 매우 높기 때문입니다. 또한 굳이 녹음이 아니더라도 메신저 대화 등을 통해서 잘못을 인정하는 발언을 요구하는 경우도 있으니 주의해야 합니다.

(2) 화가 난다고 대화내용을 삭제해 버리거나, 대화방에서 나가 버리는 일은 자제하는 게 좋습니다.

혹시라도 수사가 진행되거나 소송이 진행될 때 증거가 될 수 있는 자료이기 때문에 그러한 내용을 지워 버렸거나 기억이 안 나서 나만 모르고 상대만 알게 되는 경우 매우 불리한 상황에 놓일 수 있습니다. 상대방은 자신이 가지고 있는 증거를 제출하고 이를 토대로 진술을 하게 될 테니까요. 그렇기 때문에 웬만하면 대화 내용을 보관하고 계시거나 혹시 이미 지워 버린 경우에는 빨리 해당 내용을 복구해서 가지고 있는 게 좋습니다.

(3) 마지막으로 CCTV, 차량용 블랙박스 영상 등 사건과 관련된 자료도 최대한 많이 확보하는 게 좋습니다.

A는 자신의 집으로 함께 올라가는 CCTV 영상, 그리고 함께 나오는 CCTV 영상, 둘이 나눈 메신저 대화내용 등 사건과 관련된 모든 증거를 수집하였습니다. 이 중에서 법적으로 자신에게 유리한 것과 불리한 것을 변호인인 저와 함께 분석하였고, A의 말이 얼마나 신빙성이 있으며 고소인인 X의 진술은 허위인지를 작성하고 이에 대해 일일이 증거로 첨부하여 의견서로 제출하였습니다.

경찰 첫 조사 전에 의견서를 미리 제출하여 수사관의 선입견을 배제하고자 노력하였고, 이에 수사를 2시간 만에 끝내고 한 달여 만에 혐의없음 처분을 받을 수 있었습니다.

조사를 받게 되면 최대한 빠른 시간에 모든 방법을 동원하여 자신의 무죄를 강력하게 주장하는 게 중요합니다. 그래야 억울한 누명을 쓰지 않을 수 있게 되니, 혼자 고민하며 시간을 낭비하는 일은 없어야 할 것입니다.

불륜 무고 / 혐의없음

A는 자신의 직장동료 B, 그리고 B의 아내 X와 자주 술자리를 가지며 친하게 지내고 있었습니다.

그러던 어느 날 세 사람은 1박 2일로 여행을 가게 되었는데, 만취한 A와 X는, 이미 잠이 든 B 몰래 다른 방에서 성관계를 가지게 되었습니다. 그런데 행위 도중 잠에서 깬 B에게 들키고 말았고, X는 자신이 술에 취해 정신을 잃은 것을 이용해 A가 자신을 강간한 것이라 주장하였습니다.

이에 B와 X는 A를 준강간 혐의로 고소하였습니다.

A는 처음부터 일관성 있게 자신이 X와 성관계를 가진 것을 인정하면서도 준강간 혐의를 부인하였습니다. 당시 X가 정신을 잃을 정도로 많이 취해 있지 않았으며 A에게 먼저 스킨십을 하기도 하였다는 것입니다.

준강간죄는 사람의 심신상실 또는 항거불능의 상태를 이용하여 간음하는 범죄입니다. 따라서 준강간죄가 성립하기 위하여는 피해자가 '심신상실 또는 항거불능의 상태'일 것이 요구됩니다.

변호인은 세 사람의 사건 당일 행적과 여러 가지 정황증거를 분석하였습니다. 그리하여 X가 정신을 잃을 정도로 술을 마시지 않았으며, 오히려 술이 다 깬 후 행위가 이루어졌을 가능성이 높은 점, 타인과의 성행위가 남편 B에게 발각되자 자신의 명예와 결혼생활을 위해 거짓말을 했을 개연성 등을 치밀하게 정리하여 주장하였습니다.

두 번의 경찰조사와 두 번의 검찰조사, 한 번의 대질심문까지 마친 후에야 A는 혐의없음 처분을 받게 되었고, 검사는 X를 무고로 기소하였습니다.

도덕적으로 옳지 못한 것과 법적으로 처벌을 받는 것이 항상 일치하지는 않지요. 처음에 A는 죄책감에 모든 잘못을 뒤집어쓰려고 고민도 했습니다. 그러나 변호인을 선임하고 자신이 저지르지 않은 잘못까지 책임질 필요는 없음을 인지하게 되었고, 결국 자신의 혐의에 대해 진지하게 다툴 수 있었습니다.

A는 혐의없음 처분을 받은 후 B에게 위자료를 지급하고 사과하는 등 진심 어린 반성을 하기도 하였습니다.

술 취한 여성 귀갓길 / 징역형

A는 자동차로 귀가하던 도중 집 근처 편의점에 들러 담배를 샀습니다. 편의
점에서 나오자 택시에서 큰 소리가 나는 것을 보고 다가가 보니 술에 취한 여
성 X가 제대로 택시비를 결제하지 못하고 있었습니다. 이에 A는 X를 대신하
여 택시비를 결제하고 X를 자신의 차에 태우고 모텔로 이동하여 X와 성관계
를 하였습니다.
다음 날 A는 먼저 귀가를 하였고, 술에서 깬 X는 자신이 강간을 당하였다고
신고하였고, 경찰은 모텔 근처 CCTV를 통해 A의 차량을 확인하고 A를 소
환·체포하였습니다.

A는 술에 취해 택시비를 지불하지 못하고 있는 X를 발견하고 안타
깝게 여겨 택시비를 대신 내준 것일 뿐이며, X와 이동하던 도중 많은
대화와 스킨십을 나누게 된 것이라 주장하였습니다. A는 그 근거로
X를 집으로 데려다주기 위해 주소를 물어 휴대전화 지도앱으로 X의
집 위치를 검색한 이력을 제시하며 사건 당일 동선에 대해 자세히 설
명하기도 하였습니다.

또한 이동 도중 X가 A의 어깨에 기대고 오빠라며 부르며 반말을 하
자, 호감이 있는 것으로 생각하였고, 이에 "같이 모텔에 갈까?"라고 X
에게 묻기도 하였던 점을 상세하게 정리하여 진술하였습니다. 더욱
이 A는 모텔에 들어가 X와 성관계를 하기 직전 혹시나 하는 마음에

침대 머리맡에 휴대전화를 이용해 1시간가량 녹음을 했는데, 이 녹음 파일과 녹취록을 증거로 제출하기도 했습니다.

그러나 A에게는 불리한 점이 몇 가지 있었는데, 우선 X는 택시비도 결제할 수 없을 만큼 많이 취해 있었으며, 편의점 앞 노상과 모텔 내외부의 CCTV를 통해 확인되는 X의 모습은 제대로 몸을 가누지도 못할 정도였습니다. A는 X가 보이는 것보다 취하지 않았었고, 대화도 곧잘 되었다고 주장하였습니다. 그러나 어떠한 내용의 대화를 하였는지 구체적으로 진술하지 못하였고, A가 성관계 도중 녹음하였다는 녹취록에 따르더라도 X는 제대로 대화를 하거나 자신의 의사표시를 하기보다는 술에 취해 웅얼거리는 소리가 주로 확인됐습니다.

따라서 법원은 "녹음파일에 녹음된 X의 음성은 술에 취한 상태에서 의식 없이 나온 것으로 보일 뿐만 아니라, 오히려 X가 항거 불능 상태에 있었음을 뒷받침하는 자료에 해당하는 것으로 볼 수도 있다."라며 A에게 **징역형**을 선고하였습니다.

대학생 준강간 / 징역형

대학생인 A는 술집에서 학교 선후배들과 함께 술을 마시고 있었습니다. 그러던 중 후배 X가 술에 만취하자 술집 근처 모텔로 X를 부축하여 데리고 가 X를 침대에 눕힌 후 강간하였습니다.

A는 강간한 것이 아니라 X와 합의하에 성관계를 하였을 뿐이라고 주장하였습니다. 그러나, 술집과 모텔 CCTV상 X의 모습은 몸을 가눌 수 없을 정도로 만취한 상태였기 때문에 도저히 성관계에 동의를 할 수 있는 정도의 상태가 아니었습니다.

이러한 증거를 제시하자 A는 자신의 잘못을 인정하며 X와 합의를 해야겠다고 생각했습니다. 이에 A는 X가 자신과 같은 학교 후배라는 것을 이용하여 직접 연락을 하며 합의를 요구하는 것은 물론 주위 사람들을 통해서도 계속해서 합의를 요청하였습니다. 또한 합의가 급해진 A의 가족들 역시 X의 집으로 찾아가거나 가족들에게 합의를 부탁하는 등 행동을 하였지요. 그러나 이는 A에게 독으로 돌아왔습니다.

법원은 "A 측의 무분별한 합의 요청 등으로 적잖은 2차 피해가 발생한 것으로 보인다."라며, "A를 엄중히 처벌할 필요가 있다."라고 판결문에 적시하며 A에게 징역형을 선고하였습니다.

성범죄의 경우 피해자에 대한 가해자의 접촉을 극도로 차단하고 있습니다. 예를 들자면 성범죄 피해자인 경우 피해자가 거부하지 않는 한 (피해자)국선변호사가 선정되는데, 이는 가해자 측에서 피해자에게 합의를 하기 위해서나 협박을 하려는 등의 목적을 가지고 직접 연락하는 것을 차단하기 위해서입니다. 쉽게 말해 2차 피해를 우려해서지요. 또한 성범죄 피해자는 개인정보가 노출되는 것을 막고 가해자와 대면하는 것을 막기 위해 가명으로 조서를 작성하고 법정에 증인으로 출석하는 경우에도 법정 출입구를 분리하고 차폐막을 설치하는 등 방법이 사용되고 있습니다.

따라서 피해자와의 합의가 절실하다고 해서, 피해자가 원하지 않는데 피해자 측에 직접 연락하는 행위를 하는 것은 가해자 측에 더 큰 화로 돌아올 수 있으니 유의해야 합니다.

뒤풀이 펜션 준강간미수 / 집행유예

A는 직장 내 동아리에서 선후배 10여 명과 함께 펜션으로 1박 2일 여행을 갔습니다. A는 새벽 2시경 잠을 잘 곳을 찾던 중 X가 침대 위에 누워 있는 것을 보았습니다.
A는 침대 위로 올라가 손으로 X의 가슴을 눌러 보면서 X가 깊게 잠들었는지 확인하고, X의 바지 위로 음부를 만졌습니다. 그래도 X가 잠에서 깨지 않자 바지 밑단으로 손을 넣고, X의 상의 속으로 손을 넣어 가슴을 만지기도 하였습니다. 이후 A는 X의 바지와 팬티를 한 번에 벗긴 후 X의 몸 위로 올라타 삽입을 시도하려 하였으나, 잠이 깬 X가 A를 밀치고 방 밖으로 뛰쳐나가 강간에 이르지는 못하였습니다. 이후 X는 A를 준강간미수로 고소하였습니다.

　쉽고 단순하게 생각하자면, 통상적으로 강간, 준강간, 유사강간과 같이 법정형으로 징역형만 정해 놓은 범죄의 경우, 유죄로 인정되는 때에는 ① 피해자와 합의가 되면 집행유예, ② 피해자와 합의가 안 되면 징역형이 선고될 것을 예상됩니다.

　따라서 위 사례와 같이 유죄가 명확한 경우, 사소한 사실관계를 다투거나 피해자를 증인으로 부르는 등 대응을 하는 것은 오히려 불리할 수 있습니다. 그렇기 때문에 범죄에 대한 주요사실에 대해 사실과 다르지 않다면 사실관계를 다투기보다는 피해자와 원만히 합의할 수 있도록 노력해야 하며, 사소한 부분은 변호인의견서를 통해 설명하는 정도로만 제출하는 것이 현명한 방법입니다.

유의해야 할 점은 성범죄 피해자와 합의를 하는 경우 피의자나 가족, 지인들이 피해자의 연락처를 알거나 알아내서 직접 연락하는 것은 절대로 안 된다는 것입니다. 그렇기 때문에 피해자에게 직접 연락하지 말고 피해자 측 변호사를 통하거나 피해자에게 대리인이 없는 경우에는 국선변호사를 선정해 달라고 요청하여 대리인을 통해 사죄문을 전달하는 방법 등을 통해 피해자와 합의를 하여야 합니다.

A의 경우 피해자인 X와 합의하여 X가 A의 처벌을 원하지 않는다는 의사를 표시하였고, A에게 동종전과가 없는 점 등의 사정에 비추어 집행유예가 선고되었습니다.

대학 선후배 / 혐의없음

대학생인 A는 후배 X와 치킨 집에서 함께 술을 마신 후 자신의 거주지에서 술에 만취하여 항거불능인 X의 상태를 이용하여 준강간을 하였다는 내용으로 X로부터 고소를 당했습니다.

당시 X는 자신의 친오빠에게 A로부터 강간을 당하였다고 말하였는데, X로부터 피해사실을 들은 친오빠는 매우 분노하였습니다. 이에 X의 친오빠는 A에게 전화하여 욕을 하고 고소하여 가만두지 않겠다고 한 후 경찰서에 동생의 피해 사실을 신고하였습니다.

A는 사건 당일 X와 술을 마신 후 X가 화장실에 가고 싶다고 하여 도보로 약 1분 거리에 있는 A의 주거지로 함께 갔습니다. 당시 X는 A의 부축을 받기는 하였으나, 스스로 걸어갈 수 있는 상태였습니다.

A는 "X가 화장실을 이용한 후 A의 집에서 A와 한동안 대화를 나누다가 A의 침대에 누웠고, A가 X에게 '해도 돼?'라고 묻자 X가 '괜찮다, 나는 남자친구를 사귀어 본 적이 없다.'라는 등 이야기를 하며 동의하였고, 이에 자연스럽게 성관계를 하게 되었다."라고 진술하였습니다.

그리고 성관계 이후 X가 A에게 키스해 달라고 했고, A의 집에서 자고 가겠다는 말도 했지만, A는 X의 룸메이트에게 연락하여 X가 귀가하도록 데려다주었습니다.

이 일이 있은 후에도 A와 X는 1년여 간 서로 알고 지내며 약 7~8회 정도 성관계를 가졌습니다. 그러다 6개월 정도 서로 연락을 하지 않고 지내다가, X가 갑자기 SNS에 자신이 A로부터 성폭행을 당하였다는 글을 게시하고 자신의 친오빠에게 이 사실을 알려 친오빠가 주도적으로 고소까지 나아가게 된 것입니다.

이 사건 직후 X가 A와의 성관계를 알면서도 이에 대해 별다른 항의를 하지 않고, 이후 오히려 A와 합의하에 몇 차례 더 성관계를 가지기도 하였던 점, 그리고 X의 룸메이트가 "사건 당일 X가 술에 취한 상태이기는 하였으나 목소리와 발음은 또렷해서 멀쩡해 보였다."라고 진술하기도 한 점 등으로 보아, 검사는 "사건 당시의 상황이 기억나지 않는다는 X의 진술만으로는 X가 당시 술에 만취하여 항거불능인 상태에 있었다거나, A로서도 X가 위와 같은 상태에 있다는 점을 인식하고 이를 이용하여 간음하였다고 보기 부족하다."라고 판단, **혐의없음** 처분을 내렸습니다.

클럽 즉석만남 / 혐의없음

A는 친구와 강남에 소재한 클럽에서 시간을 보내다, 클럽에서 놀던 여성 2명 (X, Y)과 즉석만남을 하게 되어 2차로 근처 술집에 갔습니다. 술을 2시간 정도 마신 후 각자 파트너를 데리고 이동하여 3차로 술을 마신 뒤 A와 X는 근처 모 텔로 이동하여 성관계를 1회 가졌습니다. A와 X는 다음 날 아침에 깨어나 모 텔에 배달음식을 주문하여 같이 아침식사를 한 후 헤어졌습니다. 그런데 며 칠 뒤 A는 X로부터 준강간 혐의로 고소당했다는 사실을 알게 되었습니다.

이 사안은 X가 술을 마시긴 하였어도 항거불능의 상태가 아니었다 는 점, 그리고 X는 A와 합의하에 성관계를 한 것이라는 점을 입증하 는 것이 핵심 쟁점이었습니다.

항거불능 상태가 아니었다는 점에 관하여는 새벽 4시경 모텔 프런 트 CCTV를 확인한 결과 모텔비를 결제할 당시 X가 만취상태가 아니 었음을 확인할 수 있었습니다. 또한 아침에 모텔 복도 CCTV를 확인 한 결과 배달음식을 수령할 당시 피해여성이 문을 열고 나와 배달원 으로부터 음식을 받았고, 피해여성이 모텔에서 나올 때도 멀쩡한 걸 음으로 나온 것을 확인하였습니다.

변호인은 이러한 증거들을 근거로 'A는 여성과 합의하에 성관계를 가진 것일 뿐이며, 심신상실 상태를 이용하여 간음을 한 것이 아님'을 강조하는 취지의 의견서를 제출했습니다. 또한 피의자 조사 시 변호인이 동행하여 A의 무고함을 강력하게 주장하였습니다.

이에 검사는 A에 대해 **혐의없음** 처분을 하였습니다.

이 사건과 같이 처음 만난 여성과 술을 마신 후 합의하에 성관계를 가진 뒤, 여성 측에서 준강간으로 고소를 하는 경우가 적지 않습니다. 이런 경우 실질적으로 피해자가 강간을 당한 것을 입증하기보다는 피의자 측에서 상대방과 합의하에 성관계를 하였다는 점을 입증해야 합니다. 물론 피의자는 이러한 대응에는 피해자의 진술이 신빙성이 없다는 것을 포함하고 있습니다.

수사기관이 아닌 경우 CCTV를 확보하기 쉽지 않습니다. 수사기관에서 뒤늦게 수사에 착수하는 경우 CCTV가 삭제되어 피의자에게 유리한 증거를 놓치는 경우도 적지 않습니다. 따라서 고소당한 사실을 알게 되거나, 고소를 할 것이라는 사인이 있는 경우에는 신속히 CCTV를 확보할 수 있도록 수사기관에 의뢰하거나, 보안 담당자와 사실에 대해 확인하고 보존하도록 요청해 두는 것이 필요합니다.

★ 블랙아웃 준강제추행 (2021 대법원 판례 해설)

　피해자가 많이 취해서 기억이 안 나는 상황이라고 하더라도 성관계 전후 CCTV상 피해자가 멀쩡하게 걷는 장면이 찍힌 때에는 피의자에게 준강간의 고의가 인정되기 어려워 혐의없음 처분을 받고 사건이 종결하는 경우가 많았습니다.

　그런데 대법원은 2021년 2월 4일 피해자가 블랙아웃 상태였을 때에도 준강제추행을 인정한 판결을 하였고, 이 판결로 인해 위와 같은 결론도 이제는 달라질 수 있게 되어 큰 파장을 불러일으키고 있습니다.

　이 사건에서 A는 술에 취하여 심신상실 상태에 있는 피해자를 침대에 눕힌 후 피해자에게 키스하고 피해자의 신체를 만졌다는 준강제추행의 혐의를 받고 있었습니다.

　항소심 법원은 범행장소인 모텔 내부와 외부에 설치된 CCTV 영상에 의하면 피해자가 A와 함께 입구로 걸어오는 모습이 찍혀 있었고, 엘리베이터를 이용하지 않고 계단으로 카운터가 있는 3층 입구로 들어온 점, 해당 영상에서 피해자는 몸을 가누지 못할 정도로 비틀거리지 않고 혼자서 잘 걸어 이동한 점을 들어 피해자가 정신을 잃었다거나 심신상실 상태에 이르렀다고 보기 어렵다며 A에게 무죄를 선고하였습니다.

그러나 대법원은 원심판결은 준강제추행죄의 구성요건인 '심신상실 상태'에 관한 법리를 오해하였다며 유죄 취지로 파기환송하였습니다.

형법 제299조는 '사람의 심신상실 또는 항거불능의 상태를 이용하여 추행을 한 자'를 처벌하도록 규정한다. 이러한 준강제추행죄는 정신적·신체적 사정으로 인하여 성적인 자기방어를 할 수 없는 사람의 성적 자기결정권을 보호해 주는 것을 보호법익으로 하며, 그 성적 자기결정권은 원치 않는 성적 관계를 거부할 권리라는 소극적 측면을 말한다(대법원 2020. 8. 27. 선고 2015도9436 전원합의체 판결 참조).

준강간죄에서 '심신상실'이란 정신기능의 장애로 인하여 성적 행위에 대한 정상적인 판단능력이 없는 상태를 의미하고, '항거불능'의 상태라 함은 심신상실 이외의 원인으로 심리적 또는 물리적으로 반항이 절대적으로 불가능하거나 현저히 곤란한 경우를 의미한다(대법원 2012도2631 판결 등 참조). 이는 준강제추행죄의 경우에도 마찬가지이다. 피해자가 깊은 잠에 빠져 있거나 술·약물 등에 의해 일시적으로 의식을 잃은 상태 또는 완전히 의식을 잃지는 않았더라도 그와 같은 사유로 정상적인 판단능력과 대응·조절능력을 행사할 수 없는 상태에 있었다면 준강간죄 또는 준강제추행죄에서의 심신상실 또는 항거불능 상태에 해당한다.

의학적 개념으로서의 '알코올 블랙아웃(black out)'은 중증도 이상의 알코올 혈중농도, 특히 단기간 폭음으로 알코올 혈중농도가 급격히 올라간 경우 그 알코올 성분이 외부 자극에 대하여 기록하고 해석하는 인코딩 과정(기억형성에 관여하는 뇌의 특정 기능)에 영향을 미침으로써 행위자가 일정한 시점에 진행되었던 사실에 대한 기억을 상실하는 것을 말한다. 알코올 블랙아웃은 인코딩 손상의 정도에 따라 단편적인 블랙아웃과 전면적인 블랙아웃이 모두 포함한다. 그러나 알코올의 심각한 독성화와 전형적으로 결부된 형태로서의 의식상실의 상태, 즉 알코올의 최면진정작용으로 인하여 수면에 빠지는 의식상실(passing out)과 구별되는 개념이다.

따라서 음주 후 준강간 또는 준강제추행을 당하였음을 호소한 피해자의 경우, 범행당시 알코올이 위의 기억형성의 실패만을 야기한 알코올 블랙아웃 상태였다면 피해자는 기억장애 외에 인지기능이나 의식 상태의 장애에 이르렀다고 인정하기 어렵지만, 이에 비하여 피해자가 술에 취해 수면상태에 빠지는 등 의식을 상실한 패싱아웃 상태였다면 심신상실의 상태에 있었음을 인정할 수 있다. 또한 앞서 본 '준강간죄 또는 준강제추행죄에서의 심신상실·항거불능'의 개념에 비추어, 피해자가 의식상실 상태에 빠져 있지는 않지만 알코올의 영향으로 의사를 형성할 능력이나 성적 자기결정권 침해행위에 맞서려는 저항력이 현저하게 저하된 상태였다면 '항거불능'에 해당하여, 이러한 피해자에 대한 성적 행위 역시 준강간죄 또는 준강제추행죄를 구성할 수 있다.

그런데 법의학 분야에서는 알코올 블랙아웃이 '술을 마시는 동안에 일어난 중요한 사건에 대한 기억상실'로 정의되기도 하며, 일반인 입장에서는 '음주 후 발생한 광범위한 인지기능 장애 또는 의식상실'까지 통칭하기도 한다. 따라서 음주로 심신상실 상태에 있는 피해자에 대하여 준강간 또는 준강제추행을 하였음을 이유로 기소된 피고인이 '피해자가 범행 당시 의식상실 상태가 아니었고 그 후 기억하지 못할 뿐이다.'라는 취지에서 알코올 블랙아웃을 주장하는 경우, 법원은 피해자의 범행 당시 음주량과 음주 속도, 경과한 시간, 피해자의 평소 주량, 피해자가 평소 음주 후 기억장애를 경험하였는지 여부 등 피해자의 신체 및 의식상태가 범행 당시 알코올 블랙아웃인지 아니면 패싱아웃 또는 행위통제능력이 현저히 저하된 상태였는지를 구분할 수 있는 사정들과 더불어 CCTV나 목격자를 통하여 확인되는 당시 피해자의 상태, 언동, 피고인과의 평소 관계, 만나게 된 경위, 성적 접촉이 이루어진 장소와 방식, 그 계기와 정황, 피해자의 연령·경험 등 특성, 성에 대한 인식 정도, 심리적·정서적 상태, 피해자와 성적 관계를 맺게 된 경위에 대한 피고인의 진술 내용의 합리성, 사건 이후 피고인과 피해자의 반응을 비롯한 제반 사정을 면밀하게 살펴 범행 당시 피해자가 심신상실 또는 항거불능 상태에 있었는지 여부를 판단해야 한다.

또한 피해사실 전후의 객관적 정황상 피해자가 심신상실 등이 의심될 정도로 비정상적인 상태에 있었음이 밝혀진 경우 혹은 피해자와 피고인의 관계 등에 비추어 피해자가 정상적인 상태하에서라면 피고인과 성적 관계를 맺거나 이에 수동적으로나마 동의하리라고 도저히 기대하기 어려운 사정이 인정되는데도, 피해자의 단편적인 모습만으로 피해자가 단순히 '알코올 블랙아웃'에 해당하여 심신상실 상태에 있지 않았다고 단정하여서는 안 된다(대법원 2018도9781 판결 참조).

이 사건 대법원 판결을 언론으로 접한 많은 사람은 판결의 내용을 비판하기도 하였습니다. 블랙아웃 상태여서 피해자가 멀쩡하게 행동하는 경우에도 성범죄를 인정하다니 너무하다는 취지의 반응이 대부분이었습니다. 그러나 이 사건 대법원 판결 내용은 CCTV상 피해자가 멀쩡하게 걸어 다닌 것만 보고 심신미약이 아니었다고 단정하여서는 안 되며, 피고인과 피해자의 관계, 전후 사정 등을 통해 당시 피해자가 심신상실 상태에 있었는지에 대해 보다 종합적으로 판단하여야 한다는 취지입니다.

이 사건의 경우 피해자는 18세에 불과하였고, A는 28세로 두 사람은 10살 차이가 났습니다. 또한 두 사람은 사건 당일 처음으로 만난 사이였으며, A의 진술에 따르면 피해자는 모텔에 들어간 이후 A가 양치하는 사이 속옷까지 다 벗고 침대에서 순식간에 잠에 들었다는 것이었습니다. 그런데 피해자의 속옷이 A의 주머니에서 발견된 점이 이러한 진술의 신빙성을 떨어뜨렸습니다. 또한 경찰이 모텔 객실로 들어오는 상황에서도 옷을 벗은 상태로 누워 있을 정도로 판단능력 및 신체 대응능력에 심각한 문제가 있었던 것으로 보인다는 것이었습니다.

이와 같은 사정을 종합하여 보면 A가 피해자의 심신상실 상태를 인식하고 이를 이용하여 피해자를 추행하였던 것으로 볼 여지도 충분한데, 단순히 모텔에 멀쩡하게 들어가는 모습만을 근거로 A에게 무죄를 선고한 것은 잘못이라는 판단입니다.

결국 이 사건 대법원 판결 역시 처음 보는 여성과 특별한 정서적 교감 없이 만취한 상태로 모텔에 들어간 것은 범죄의 혐의를 짙게 보고 있습니다. 그러므로 부디 술에 취한, 처음 만난 이성과의 성적인 접촉은 피해야 할 것입니다. 많이 취하긴 했지만 그래도 멀쩡하게 잘 걷는다 하더라도 말입니다.

채팅앱 조건만남

　최근 채팅앱과 관련된 성범죄 사건이 적지 않습니다. 채팅앱으로
야한 농담을 하거나 성매매를 할 것 같은 대화를 한 후, 해당 대화 창
을 캡쳐한 다음 고소장 사진[1]을 보내며, "고소하겠다. 고소를 막으려
면 돈을 보내라."라고 협박하기도 하고, 해킹을 통해 개인정보를 유
출하거나, 민감한 사진을 지인에게 유포하는 등 악질적인 범죄를 저
지르기도 합니다.

　특히 채팅앱을 통해 성매매를 하는 경우가 많은데, 성매매를 하기
로 약속하고 강간으로 고소를 하거나 화대를 둘러싸고 사기나 협박
으로 고소를 하는 등 문제도 계속하여 일어나고 있습니다. 따라서 호
기심으로 채팅앱을 이용하였다가 이러한 피해를 보는 일이 발생하지
않도록 유의해야 합니다.

1　고소장을 제대로 찍은 사진이 아니고, 그냥 '고소장'이라고 쓰여 있는 종이 부분만 찍어서 보
　내는 경우가 많습니다.

성매매 강간 사기 / 혐의없음

A는 채팅앱에서 만난 X에게 성매매를 제의했고, B는 이에 동의하여 성관계를 가졌습니다.

성관계 후 X는 A에게 화대를 요구하였고, A는 X에게 화대를 지급하지 않고 전화번호를 차단하여 연락을 끊어 버렸습니다. A는 처음부터 X에게 화대를 지급할 생각이 없었고, 마치 화대를 줄 것처럼 속여 X와 성관계를 가질 생각이었던 것이었습니다.

X는 A가 자신을 차단하자, 그제야 자신이 A에게 속은 사실을 알게 되었고, A를 강간죄로 경찰에 고소하였습니다.

강간죄는 피해자의 반항을 불가능하게 하거나 현저히 곤란하게 하는 정도의 폭행 또는 협박이 있어야 성립할 수 있습니다.

형법

제297조(강간) 폭행 또는 협박으로 사람을 강간한 자는 3년 이상의 유기징역에 처한다.

그러나 A는 단지 X에게 화대를 줄 것처럼 속여서 성관계를 하였을 뿐, 폭행·협박으로 X의 반항을 현저히 곤란하게 하여 성관계를 한 것이 아니었습니다. 따라서 A에게 강간죄는 성립하지 않습니다.

이에 A의 변호인은 A의 평소의 바른 행실을 입증할 수 있는 각종 자료를 수집하여 증거로 제출하였고, X의 동의가 있었음을 간접적으로나마 증명할 수 있는 증거와 함께 치밀한 법리분석을 하여 변호인 의견서를 제출하였습니다. 또한 A의 피의자조사 시 입회하여 최선의 조력을 다하였습니다.

결국 A는 검찰단계에서 의뢰인과 상대 여성이 합의하에 성관계를 하였음을 인정받아, A는 **혐의없음** 처분을 받을 수 있었습니다.

합의하에 성관계를 했음에도 불구하고, 본 사안처럼 상대 여성이 강간을 당했다고 주장하는 경우가 있습니다. 이 경우 성범죄 사건의 경험이 많은 변호인의 도움을 받아 적절한 증거를 확보하여 제출하고, 치밀한 법리구성을 통해 합의하에 성관계를 했음을 입증하여야 합니다.

한편 A에게는 사기죄가 성립할 수 있는데, 대법원은 성매매의 대가를 지불하기로 속여 성행위를 한 후 대가를 지불하지 않는 경우, 이에 대해 사기죄가 성립하는 것이라 판시한 바 있습니다.

일반적으로 부녀와의 성행위 자체는 경제적으로 평가할 수 없고, 부녀가 상대방으로부터 금품이나 재산상 이익을 받을 것을 약속하고

성행위를 하는 약속 자체는 선량한 풍속 기타 사회질서에 위반한 사항을 내용으로 하는 법률행위로서 무효이다. 그러나 사기죄의 객체가 되는 재산상의 이익이 반드시 사법(私法)상 보호되는 경제적 이익만을 의미하지 아니하고, 부녀가 금품 등을 받을 것을 전제로 성행위를 하는 경우 그 행위의 대가는 사기죄의 객체인 경제적 이익에 해당하므로, 부녀를 기망하여 성행위 대가의 지급을 면하는 경우 사기죄가 성립한다(대법원 2001도2991 판결문 참조).

따라서 성매매의 대가를 지불하지 않고 성관계만 하려고 생각하는 것은 매우 위험한 일이어서 절대로 해서는 안 됩니다. 최근에는 유흥주점에서 2차를 가거나 유사성행위 등을 하는 경우에도 약속한 대가를 제대로 지급하지 않는 경우 강간으로 고소하는 경우가 매우 많습니다.

현행법상 성매매를 하는 것은 불법이나, 이를 넘어 강간 혐의를 받게 되는 것은 막아야 하기 때문에 성매매를 하게 되는 경우라 하더라도 그 대가를 반드시 지급해야 한다는 것이 현실적인 조언이 되지 않을까 싶습니다.

장애인 강간 / 혐의없음

A는 □□라는 채팅앱을 통해 처음 알게 된 여성 X와 대화를 나누게 되었습니다. A는 X와 대화를 나누던 중 서로의 연락처를 교환하였고 저녁에 X의 집 근처에서 만나기로 하였습니다. A는 X가 알려준 장소로 가 X를 처음 만났고 방술(모텔 방을 잡고 술을 마시는 것)을 하자고 제안하였습니다. X가 이에 동의하자, 자신의 차에 X를 태워 근처 모텔로 이동하였습니다. 방으로 들어간 A는 X의 어깨를 주무르는 등 스킨십을 시작하였고 성관계에 이르게 되었습니다.

그러나 X는 자신이 "하지 말라."라고 거부하였음에도 불구하고 A는 피해자의 어깨를 힘으로 밀어 강제로 성관계를 하였다며 A를 강간 혐의로 경찰에 신고하였습니다.

이 사건은 초기에 '장애인에 대한 강간'이라는 죄명으로 조사가 시작되었습니다. 그 이유는 X가 지적장애 3급이었기 때문이었습니다. 일반 강간죄의 경우 3년 이상의 징역에 처하도록 되어 있는 반면 장애인에 대한 강간은 이보다 훨씬 강하게 처벌하도록 규정되어 있습니다.

성폭력범죄의 처벌 등에 관한 특례법

제6조(장애인에 대한 강간·강제추행 등) ① 신체적인 또는 정신적인 장애가 있는 사람에 대하여 「형법」 제297조(강간)의 죄를 범한 사

람은 무기징역 또는 7년 이상의 징역에 처한다.

따라서 이 사건의 경우 두 가지 큰 쟁점이 있었는데 하나는 A가 X를 지적장애를 가진 사람으로 인식하였는지 여부였고, 다른 하나는 강간을 하였는지 여부였습니다.

실제로 A는 X와 대화를 나누며 X에게 지적장애가 있는지 전혀 알지 못했기에 죄명이 장애인 강간으로 되어 있어 첫 조사 때 매우 놀라했던 기억이 납니다. X 역시 A에게 자신이 장애인임을 밝힌 적은 없다고 경찰에서 진술하였습니다. 한편 신고를 받고 초동조치를 담당한 경찰관도 X가 자신이 지적장애 3급이라는 말을 하기 전까지는 장애인이라 느끼지 못하였으며, 이 사건이 발생한 모텔 업주 역시 X에게 장애가 있는 줄은 몰랐다고 진술하였습니다.

결국 X가 장애인임을 인식하지 못하였다는 A의 주장이 수사 초기부터 받아들여졌고, 이에 죄명이 수사 도중에 '강간'으로 바뀌게 되었던 것입니다.

한편, A에게는 불리한 사정이 있었습니다. 그것은 A가 받은 '거짓말탐지기(폴리그래프 검사)' 결과가 '거짓'으로 나왔다는 점이었습니다. 대체로 폴리그래프 검사 결과 피의자 진술에 거짓반응이 나오는 경우, 다른 특별한 사정이 없는 경우 기소의견으로 송치됩니다.

그럼에도 이 사건의 경우 (1) 진술분석가가 '아동 및 장애인 진술분석 의견서'를 통해 피해자의 진술의 신빙성에 의문을 제기한 점, (2) 피해자가 이전 성범죄 신고를 한 전력을 확인한바, 피해자가 채팅앱을 통해 성매매를 하며 생활비를 벌었고, 그러던 중 강간 신고를 하여 혐의없음으로 종결된 건이 몇 차례 나오기도 했던 점 등의 사정을 통해 피의자는 수사단계에서부터 강간죄의 혐의를 벗을 수 있게 되었던 것입니다.

이 사건은 첫 조사부터 처분까지 매우 긴 시간이 걸렸던 사건입니다. 그동안 담당 수사관님과 여러 차례 연락하며 수사 진행의 추이를 살폈고, 조사에도 빠짐없이 참여하며 피해자의 주장을 파악하고 반박하며 철저히 방어했습니다. 그 덕분에 A는 **혐의없음** 처분을 받을 수 있었습니다.

채팅 만남 유사강간 / 혐의없음

A는 ◇◇이라는 어플로 채팅을 하며 여성 X와 알게 되었습니다. 두 사람은 몇 차례 만나 식사도 함께하고 A의 직장 동료들이 있는 자리에서 함께 술을 마시기도 하였습니다. 직장 동료들과 늦은 시간까지 술을 마신 당일, A와 X는 근처 모텔로 이동을 하여 잠자리를 갖게 되었는데, 이때 A는 X에게 애무를 하였고, X가 아프다고 하자 성관계를 하는 것을 그만두고 옆에 누워 잠들었습니다. 이후 1년이 지난 후 X는 A를 유사강간 혐의로 고소하였습니다.

이 사건에서 검사는 "모텔에 들어갈 당시 나눈 고소인과 피고소인의 대화 내용이 서로 다르기는 하나 사실관계를 증명하기 어렵고, 고소인은 피고소인으로부터 성폭행을 당했다고 주장하면서도, 피해를 당한 후 고소인과 서너 차례 더 만나 데이트를 한 사실과 피해를 입었다고 주장하는 날로부터 거의 1년이 지난 시점에 고소를 한 사실은 상식적으로 납득하기 어렵다."라며, "고소인이 성관계를 하기 싫다며 거절한 이후로는 피고소인이 성행위하는 것을 중단하고 잠을 잤다는 고소인의 진술과 피고소인의 진술이 서로 일치하고 있고, 두 사람이 자연스럽게 고소인과 서로 키스를 하였고, 고소인도 옷을 벗기기 쉽게 두 손을 들어주는 등 해 주어 애무를 하였다는 피고소인의 주장을 반박할 만한 객관적 근거가 부족하다."라는 이유를 들어 **혐의없음** 처분을 하였습니다.

    결국 객관적인 증거를 제시하기 어려운 성범죄의 특성상, 피해자
가 피해를 당했다고 주장하는 사건 이후에 어떠한 행동을 보였는지,
이후 얼마의 시간이 지나 고소를 하였는지 여부도 피의자의 혐의 유
무를 판단하는 데 중요한 지표가 된다는 점을 유의해야 할 것입니다.

진짜 성범죄 사건

채팅앱을 통해 성인과 미성년자의 성을 산 행위

A는 2019년 8월경 무인모텔에서 채팅앱을 통해 만난 성인 여성 X에게 화대 12만 원을 주고 성매매를 하였고, 2019년 10월경 무인모텔에서 청소년인 Y에게 화대 13만 원을 주고 성매매를 하였습니다.

미성년자(아동·청소년)임을 알고 미성년자의 성을 사는 경우 아동·청소년의성보호에관한법률위반(성매수등)에 해당하고, 성인의 성을 사거나 미성년자임을 전혀 알지 못하고 미성년자의 성을 사는 경우에는 성매매알선등행위의처벌에관한법률위반(성매매)에 해당합니다.

상식적으로도 미성년자의 성을 사는 경우가 처벌 수위가 높겠지요. 아청법상 성매매는 1년 이상 10년 이하의 징역 또는 2천만 원 이상 5천만 원 이하의 벌금(아청법 제12조)에 처하도록 하고 있습니다. 그러나 성매매처벌법상 성매매는 1년 이하의 징역이나 300만 원 이하의 벌금(제21조, 제4조 제1호)에 처하도록 하고 있습니다.

따라서 미성년자와 성매매를 하려 마음먹는 것은 매우 위험한 행위입니다. 대부분 미성년자와 성매매를 하다 적발되는 경우 상대가 미성년자임을 몰랐다는 주장을 하게 되는데, 이러한 주장이 통하기 위해서는 상대의 나이를 확인하였으나 성인이라고 나이를 속였다거나 하는 특별한 사정이 존재하여야 합니다.

그렇기 때문에 성매매를 하지 않는 것이 제일 바람직하나, 혹여 성매매를 하게 되는 경우라 하더라도 상대가 미성년자는 아닌지 확인하는 방법이 매우 중요합니다.

아청법 강제추행 / 혐의없음

A는 채팅앱을 통해 알게 된 미성년자인 X를 만나 한강에서 데이트를 하며 X의 허리를 만지고, 손등에 입을 맞추었습니다. 이러한 이유로 A는 아동·청소년의성보호에관한법률위반(강제추행) 혐의로 조사를 받게 되었습니다.

아동·청소년에 대한 강제추행의 죄는 2년 이상의 유기징역 또는 1천만 원 이상 3천만 원 이하의 벌금에 처하도록 하고 있어, 성인에 대한 강제추행이 10년 이하의 징역 또는 1천 500만 원 이하의 벌금에 처하도록 한 것에 비해 그 형량이 매우 높습니다.

이 사건에서는 A가 X를 미성년자로 인식하였는지 여부, 그리고 X가 A의 위 문제 행위에 동의를 하였는지 여부가 쟁점이었습니다.

A가 X의 허리를 만지고, 손등에 입을 맞춘 것은 사실이었습니다. 그러나 채팅앱을 통해 대화를 하고, 자신을 소개하는 과정에서 X는 자신을 '학생'이라고 소개를 하기는 하였으나 정확한 나이는 알린 사실이 없었습니다. 따라서 A는 X를 미성년자로 인식하지 못하였을 가능성이 높았습니다.

또한 이 사건 당일 이후에도 A와 X는 한동안 채팅앱과 메신저 등으로 대화를 나누고 지냈는데, 그러한 내용들을 살펴보았을 때 X가 A에게 강제로 추행을 당하였다는 정황은 전혀 나타나지 않았습니다. 결국 이 사건에서 검사는 여러 사정을 종합하여 A가 X를 미성년자로 인식하였는지 그리고 강제로 추행을 하였는지에 관한 증거가 충분치 않다는 이유로 **혐의없음** 처분을 내렸습니다.

강제추행은 피해자의 증언이 유일한 증거인 경우가 많습니다. 이때 추행 행위가 있었던 전후의 사정 등을 통해 실제로 피해가 발생하였는지 여부를 판단하게 되는데, 채팅앱 등으로 주고받은 메시지는 매우 중요한 증거가 됩니다.

아청법 성매매 / 기소유예

A는 채팅앱을 통해 X와 처음 연락을 하게 되었습니다. X는 자신을 23살 대학생이라고 소개하였으며 성관계 1회에 15만 원을 제시하였고, 의뢰인은 이를 수락하였습니다. A는 X를 만나 현금으로 15만 원을 지불하고 모텔에 가 1회 성관계를 하였습니다. 그런데 며칠 뒤 경찰서로부터 아청법 위반혐의로 조사를 받으라는 통지를 받았습니다. 알고 보니 피해 여성은 미성년자였던 것입니다.

A는 자신이 성매매를 한 사실은 인정하지만, 상대 여성이 미성년자인 것은 전혀 몰랐다고 하였습니다. 따라서 이 사건에서는 A가 상대 여성이 미성년자인 것을 알지 못하였다는 것을 입증하는 것이 주요 쟁점이 되었습니다.

A와의 상담 이후 변호인은 경찰 조사에 동행하였고 상대 여성이 미성년자라는 것을 몰랐다는 점을 강력하게 주장하였습니다. 이를 입증하기 위하여 두 사람이 주고받은 메신저 대화 내용을 증거로 제출하기도 하였습니다.

결국 검사는 A가 당시 상대 여성이 미성년자였다는 점을 몰랐다고 판단하여, A에게 **교육이수조건부 기소유예** 처분을 내렸습니다.

위에서도 설명한 바와 같이 상대방이 미성년자임을 알고 성매매를 한 경우는 처벌 수위가 매우 강합니다. 따라서 본 사안에서 A는 상대가 미성년자였다는 점을 알지 못하였음을 입증할 수 있었기 때문에, 기소유예 처분을 받을 수 있었던 것입니다.

미성년자의제강간[2]이란 만 13세 미만인 피해자와 성관계를 한 때에 성립하였습니다. 그러나 2020년 5월 19일부터 형법 제305조 제2항이 신설되어 그 연령이 만 16세로 상향되었습니다. 그렇기 때문에 피해자 연령이 만 16세 미만인 경우에는 미성년자의제강간, 만 16세 이상 만 19세 미만인 경우에는 아동청소년성보호에관한법률위반, 만 19세 이상인 때에는 일반 형법상 강간의 성립여부를 따져 보아야 합니다.

형법

제305조(미성년자에 대한 간음, 추행) ① 13세 미만의 사람에 대하여 간음 또는 추행을 한 자는 제297조(강간), 제297조의2(유사강간), 제298조(강제추행), 제301조(강간등 상해·치상) 또는 제301조의2(강간등 살인·치사)의 예에 의한다.

② 13세 이상 16세 미만의 사람에 대하여 간음 또는 추행을 한 19세 이상의 자는 제297조, 제297조의2, 제298조, 제301조 또는 제301

---

2 강제추행도 마찬가지로 개정이 되었으나, 책에서는 강간에 대해서만 설명하도록 하겠습니다. 추행의 경우에도 강간의 법리와 똑같이 적용하시면 됩니다.

조의2의 예에 의한다.

한편 미성년자의제강간죄는 폭행·협박을 동원한 강간을 하여야
하는 것이 아니라 피해자가 성관계에 동의를 한 경우에도 마찬가지
로 성립합니다. 만 16세 미만의 미성년자는 성적자기결정권을 인정
할 수 없는 연령으로 보고, 그러한 피해자의 동의는 무효라는 취지입
니다. 만 16세가 되지 않은 피해자를 적극적으로 보호하는 규정이라
고 볼 수 있습니다.

다만 피해자가 만 13세 미만인 경우에는 가해자의 연령이 무관하
나, 피해자가 만 13세 이상 만 16세 미만인 경우에는 가해자가 만 19
세 이상이어야 성립한다는 차이가 있습니다. 다시 말해, 피해자가 만
13세 이상 만 16세 미만인 경우에는 피해자가 성관계에 동의하였다
면 가해자가 만 19세 미만인 경우 범죄가 성립하지 않고, 성인인 경우
에 한해 처벌하겠다는 의미입니다.

한편 성범죄의 경우 대부분 가해자 측은 피해자의 동의가 있었는
지 여부에 초점을 맞춰 대응을 하게 됩니다. 그러나 피해자가 만 16
세 미만인 경우 가해자가 성인이라면 피해자의 동의가 있었는지 여
부에 대해서 다툴 필요가 없습니다. 미성년자의제강간죄는 피해자의

동의 여부와 무관하게 범죄가 성립하기 때문입니다. 따라서 이러한 범죄 혐의에 대해 다투면서 피해자의 동의가 있었다는 주장을 계속해 봤자 범죄 성립에 아무런 영향이 없습니다.

다만 이 경우에도 가해자가 피해자가 만 16세 미만으로 인식하였는지 여부는 쟁점이 될 것입니다. 만약 피해자가 자신의 나이를 속이거나 만 16세 이상으로 믿을 만한 특별한 사유가 있었다면 해당 규정이 적용되지 않을 수 있기 때문입니다. 결국 미성년자의제강간 혐의를 받는 경우 어떠한 주장을 하여야 자신에게 도움이 되는지 제대로 알고 대응하는 것이 중요합니다.

여타 범죄에 비해 성범죄는 그 적용 법조가 여러 법에 산재되어 있고, 복잡하게 구성되어 있습니다. 따라서 이러한 범죄를 저지르지 않는 것이 제일 중요하겠으나, 만약 이러한 범죄에 연루되는 경우에는 해당 사건에 대해 잘 알고 있는 전문가의 도움을 받는 것이 무엇보다 중요합니다.

불법촬영(카메라등이용촬영)

불법촬영은 전 세계적으로 심각한 범죄입니다. 전문적인 장비를 동원한 경우도 있으나, 대부분 누구나 쉽게 사용하고 있는 휴대전화의 카메라 기능을 이용해서 호기심에, 장난삼아, 혹은 의도적으로 성적 욕망이나 수치심을 유발할 수 있는 타인의 신체를 찍는 경우가 적지 않습니다.

현대인에게 휴대전화를 들어 사진을 찍는 행위는 일상적이 되었습니다. 그러다 보니 음식 사진이나 풍경 사진은 물론, 타인의 신체를 촬영하는 것은 흔한 일이 되었지요. 상황이 이렇다 보니 특별한 죄책감 없이 연인과 성관계를 하며 촬영을 하거나 옷을 입지 않고 잠들어 있는 모습을 몰래 촬영하는 경우도 일어나는 것 같습니다.

그러나 불법촬영은 찍는 사람은 물론 찍히는 사람 모두에게 손해입니다. 설령 합의하에 촬영을 하여 불법이 아니라고 하더라도, 누군가가 촬영물을 유포할 수도 있고, 헤어지는 과정에서 협박의 대상이 되는 경우도 허다하며, 실제로 동의하에 촬영을 하고도 추후 불법촬영으로 고소를 하는 경우 고소를 당한 쪽은 해당 영상이 동의하에 촬영한 것임을 입증해야 하는 어려운 상황에 놓이게 됩니다. 그러나 추후 피해자가 불법촬영이라고 주장하는 경우 당시 동의가 있었다는 것을 입증하기는 너무나 어렵습니다. 따라서 절대로 호기심으로라도 촬영하지 못하도록 청소년들에게도 주의를 시키는 것이 필요합니다.

성폭력범죄의 처벌 등에 관한 특례법

제14조(카메라 등을 이용한 촬영) ① 카메라나 그 밖에 이와 유사한 기능을 갖춘 기계장치를 이용하여 성적 욕망 또는 수치심을 유발할 수 있는 사람의 신체를 촬영대상자의 의사에 반하여 촬영한 자는 7년 이하의 징역 또는 5천만 원 이하의 벌금에 처한다.

② 제1항에 따른 촬영물 또는 복제물(복제물의 복제물을 포함한다. 이하 이 조에서 같다)을 반포·판매·임대·제공 또는 공공연하게 전시·상영(이하 "반포 등"이라 한다)한 자 또는 제1항의 촬영이 촬영 당시에는 촬영대상자의 의사에 반하지 아니한 경우(자신의 신체를 직접 촬영한 경우를 포함한다)에도 사후에 그 촬영물 또는 복제물을 촬영대상자의 의사에 반하여 반포 등을 한 자는 7년 이하의 징역 또는 5천만 원 이하의 벌금에 처한다.

③ 영리를 목적으로 촬영대상자의 의사에 반하여 「정보통신망 이용 촉진 및 정보보호 등에 관한 법률」 제2조 제1항 제1호의 정보통신망 (이하 "정보통신망"이라 한다)을 이용하여 제2항의 죄를 범한 자는 3

년 이상의 유기징역에 처한다.

④ 제1항 또는 제2항의 촬영물 또는 복제물을 소지·구입·저장 또는 시청한 자는 3년 이하의 징역 또는 3천만 원 이하의 벌금에 처한다.

⑤ 상습으로 제1항부터 제3항까지의 죄를 범한 때에는 그 죄에 정한 형의 2분의 1까지 가중한다.

「성폭력범죄의 처벌 등에 관한 특례법」2020년 5월 19일 개정을 통해 불법촬영물의 소지·구입·저장·시청에 대한 처벌규정을 신설하였습니다(제14조 제4항). 따라서 피해자가 성인인 경우라 하더라도 동의 없이 촬영을 하거나 동의하에 촬영을 하였더라도 해당 영상을 공유하는 데 동의하지 않은 경우라면, 배포 등을 하여 공유한 경우뿐만 아니라 해당 영상을 구입하여 다운로드받거나 스트리밍으로 시청만 하는 경우라 하더라도 처벌을 피할 수 없게 된 것입니다.

화장실 침입 촬영 미수 / 기소유예

A는 친구 B와 술을 마시고 이동하던 중, 화장실이 급해져 술집 근처 상가건물 1층 화장실을 찾았습니다. 그런데 남자화장실은 수리 중이라 사용할 수가 없었습니다. 당황한 A는 바로 옆 여자화장실 문이 활짝 열려 있는 것을 보고 안을 들여다봤는데, 아무런 인기척이 들리지 않았습니다.

다른 화장실을 찾을 정신이 없던 A는 '누가 오기 전에 빨리 들어갔다 나오면 괜찮겠지.' 생각하며, 여자화장실 두 번째 칸에 들어가 용변을 보았습니다. A가 용변 칸의 문을 열고 나오자 B가 보이지 않았습니다. 그리고 바로 옆 칸에서 누군가의 인기척이 들렸습니다. 이에 A는 자신과 같이 B가 급히 들어와 용변을 보는 것이라 생각하여 장난기가 발동하였습니다. B의 모습을 몰래 찍어 놀려 주어야겠다는 생각을 하며 휴대전화를 꺼내 사진을 찍으려고 하는 순간, 문이 열리며 처음 보는 여성 X가 나와 미수에 그쳤습니다.

A는 위 행위로 인해 성폭력처벌법위반(카메라등이용촬영)과 성폭력처벌법위반(성적목적다중이용장소침입)의 혐의로 조사를 받게 되었습니다.

'성적목적다중이용장소침입'이란 자기의 성적 욕망을 만족시킬 목적으로 화장실, 목욕장, 탈의실 등 불특정 다수가 이용하는 다중이용장소에 침입하는 경우 성립합니다. 따라서 촬영을 목적으로 화장실, 목욕탕 등에 침입하여 불법촬영을 하는 경우 카메라등이용촬영과 성적목적다중이용장소침입이 동시에 성립하게 되는 것이지요.

이 사건에서는 당시 남자화장실이 실제로 수리 중이어서 이용할 수 없었던 점이 관리사무실을 통해 확인되었습니다. 또한 A가 갑자기 옆 용변 칸에 있는 B를 몰래 촬영하려고 생각했던 이유에 대해서도 설명을 하였는데, 사건 발생 며칠 전에 두 사람이 함께 공중화장실을 갔을 때 B가 소변기에 서 있는 A의 뒷모습을 장난으로 찍은 사실이 있었기 때문이었습니다. 이에 대해서는 증거 사진이 있어서 변호인 의견서와 함께 제출하기도 하였습니다.

결국 A와 B는 성적 목적으로 여자화장실에 들어간 게 아니었고, 당시 A가 촬영하려고 하였던 것은 B였을 뿐, 여성을 찍으려는 의도가 전혀 아니었음을 여러 증거를 들어 주장한 것이었지요.

그럼에도 검사는 "A가 당시에 술에 많이 취해 있어서 당시 동선이 기억나지 않는다는 주장을 하나 한편으로는 이용할 수 없는 상태였던 남자화장실의 상태에 대한 묘사가 지나치게 구체적이고, 용변 칸에서 X가 나오자 A가 급히 도망가는 CCTV 영상을 보면 A의 걸음걸이가 지극히 정상이고 술에 취해 보이지 않는다며 A의 주장에 신빙성이 낮다."라고 판단하였습니다.

한편 이 사건에서 의도했든 의도하지 않았든지 간에 A의 행동으로 X가 놀라고 불쾌하였을 것이 명백한 상황이었습니다. 이에 A와 B는 X에게 사죄문을 전달하며 용서를 구하였습니다. 결국 X는 두 사람의 변호인과 직접 만나 원만히 합의하였고, 두 사람의 처벌을 원치 않는다는 처벌불원서를 작성해 주었습니다.

결국 검사는 "피의자들이 초범이고 이 사건은 피의자가 술에 만취하여 건물 여자화장실에 들어간 후 피해자의 용변 보는 모습을 스마트폰을 이용하여 촬영하려다 미수에 그친 사안으로, 피해자와 원만히 합의하여 피해자는 피의자에 대한 처벌을 원하지 아니하는바 사정에 참작할 점이 있다. 또한 피의자는 스스로 성폭력교육프로그램을 성실히 이수하고 다시는 범죄를 저지르지 않을 것을 다짐한다."라는 이유를 들어, 성폭력 사범 교육프로그램의 이수를 조건으로 **기소를 유예**하는 처분을 하였습니다.

기소유예란 혐의점은 인정되나, 기소를 유예하여 주는 검사의 처분입니다. 한마디로 검사가 판단하기에 유죄는 맞는데 죄가 경하고 다시 죄를 저지르지 않을 것으로 보이는 사람에게 처벌을 하여 전과자로 만들기보다는 한 번 기회를 주는 처분 정도로 생각하면 좋을 것 같습니다. 검사가 유죄로 판단하면서도 선처를 해 주는 것이지요.

이 사건과 같이 성범죄의 경우 교육이수 조건부 기소유예를 하는 것이 보통입니다. 이는 성폭력 사범 교육프로그램을 이수하는 것을 조건으로 하여 기소를 유예하는 처분으로, 일정 기간 동안 해당 교육을 이수하지 못할 경우 기소유예 처분이 취소될 수 있다는 특징이 있습니다.

여자화장실 불법촬영 / 집행유예

A는 입시학원 건물의 여자화장실 중 제일 왼쪽 끝 칸에 들어가 옆 칸에서 용변을 보는 여학생들을 촬영할 마음을 먹고 기다리고 있다가 자신이 휴대전화의 카메라 기능을 이용하여 총 5명의 피해자의 영상을 촬영하였습니다.

A는 입시학원을 다니는 학생이었습니다. A는 피해자 중 한 명의 신고로 사건 당일 현장에서 바로 체포되었습니다. 그래서 다행히도 해당 영상이 유포되는 일은 없었습니다.

불법촬영을 하였을 때, 해당 불법촬영물이 유포되지 않는 경우 벌금형이 선고되는 경우도 적지 않습니다. 그럼에도 이 사건 법원은 A가 같은 학원의 여학생들을 상대로 이러한 범행을 저질렀다는 점에서 죄질이 매우 좋지 않다고 보아, A에게 벌금형이 아닌 징역형을 선택하였습니다.

그러나 A가 피해자 중 일부와 합의를 하였고, 아무런 전과가 없는 초범인 점 그리고 자신의 잘못을 반성하고 있는 점 등을 참작하여 A에게 집행유예를 선고하였습니다.

비록 A가 나이가 어린 학생이고, 아무런 범죄 전력이 없는 초범이었음에도, 징역형의 집행유예가 선고된 것은 법원이 얼마나 불법촬영 범죄에 대해 엄벌하는지를 보여 주는 중요한 사례라 할 수 있습니다.

마을버스 여성 촬영 / 혐의없음

A는 마을버스 안에서 짧은 치마를 입은 여성 X의 하반신을 그 의사에 반하여 몰래 촬영하였습니다. X는 A의 행동을 수상하게 여겨 A의 휴대전화를 확인하였고, 이후 A를 경찰에 신고하였습니다.

A가 X의 의사에 반하여 X의 신체를 몰래 촬영한 것은 사실이었습니다. 그러나 A는 X가 마을버스에 서 있는 자연스러운 모습을 찍었을 뿐이며, 성욕을 불러일으키는 자세나 그로 인하여 과도한 노출이 발생하는 경우 등을 특정하여 촬영하지는 않았다고 주장하였습니다.

이 사건은 A가 당시 촬영한 사진들이 성폭력처벌법에서 말하는 '성적 욕망 또는 수치심을 유발할 수 있는 타인의 신체'를 촬영한 것인지 여부가 쟁점이었습니다.

검사는 A의 휴대전화를 임의제출받아 촬영물을 면밀히 조사한 후 "A가 촬영한 사진들에 나타난 여성의 옷차림이나 노출 정도는 일상생활에서도 흔하게 찾아볼 수 있는 정도에 불과하여, 여성이 불쾌감을 넘어 구체적인 성적 수치심을 느꼈다고 보기는 어렵다."라고 판단하며, A에게 혐의없음 처분을 하였습니다.

카메라등이용촬영죄에서는 '성적 욕망 또는 수치심을 유발할 수 있는 사람의 신체'를 촬영한 것에 한정하고 있습니다. 따라서 촬영당한 신체가 성적 욕망 또는 수치심을 유발할 수 있는지 여부가 중요합니다. 그러므로 어떠한 촬영이 문제가 되었을 때, 해당 사진이나 영상물이 성적 욕망 또는 수치심을 유발할 수 있는 사람의 신체를 촬영한 것인지 여러 사례를 통해 잘 판단할 수 있는 변호인의 도움을 받는 것이 매우 중요합니다.

만약 혐의없음을 주장할 수 있는 사안이라면 이러한 점을 적극 주장하는 것이 필요할 것이고, 그렇지 않은 경우라면 혐의없음을 주장하기보다는 잘못을 인정하고 피해자와 합의를 하는 것이 최선일 것이기 때문입니다.

한편 최근에는 항소심에서 무죄로 인정되었던 레깅스를 입은 여성을 몰래 촬영한 사건에 대한 판결이 대법원에서 유죄 취지로 파기환송되기도 하였습니다. 따라서 짧은 치마를 입고 있거나 체형이 드러나는 옷을 입고 있는 타인의 신체를 동의 없이 촬영하는 경우 혐의없음을 주장하기가 힘들어진 것이 사실입니다. 따라서 타인의 신체에 대해 무단으로 촬영하는 것 자체에 대해 주의를 하는 것이 필요할 것으로 보입니다.

여자친구 성관계 영상 불법촬영 소지죄 / 집행유예

A는 자신의 주거지에서 휴대전화를 이용하여 여자친구였던 X가 자는 틈을 타 X의 허벅지 엉덩이 부위를 몰래 찍은 것을 비롯하여 2018년 5월경부터 2020년 9월경까지 약 100회가량 피해자 X, Y, Z와 성관계를 하는 장면 또는 피해자들이 속옷을 입고 있거나 나체 상태로 잠을 자고 있는 모습을 사진 또는 동영상으로 몰래 촬영하였습니다.

또한 A는 2020년 7월경부터 2020년 9월경까지 위와 같이 촬영한 사진과 동영상들을 자신의 클라우드 계정에 따로 저장하는 방법으로 소지하기도 하였습니다.

휴대전화를 이용하여 불법촬영을 하는 경우 해당 사진이나 영상이 자동으로 클라우드에 업로드되는 경우가 많습니다. 단순히 소지하고 있는 경우 별도의 죄가 성립하지는 않았고, 다만 삭제하지 않고 소지하고 있는 때에는 해당 촬영물이 유포된 정황은 없는지 수사를 하였습니다.

그런데 2020년 5월 19일 「성폭력범죄의 처벌 등에 관한 특례법」이 개정되면서 불법촬영물 등을 소지·구입·저장 또는 시청한 자를 처벌하는 규정은 공포 즉시 시행을 하도록 하였기 때문에, 이 사건과 같이 2020년 5월 19일 이후 소지한 행위에 대해서는 성폭력범죄의처벌등에관한특례법위반(카메라등이용촬영물소지등)으로 처벌이 가능합니다.

결국 A에게는 카메라등이용촬영·반포등, 카메라등이용촬영, 카메라등이용촬영물소지등의 혐의가 모두 적용되어 유죄로 인정되었습니다. 이 사건에서 법원은 A가 자신이 교제하던 피해자들이 자고 있거나 자신과 성관계를 하는 사이에 피해자들의 모습을 몰래 촬영한 것으로 그 죄질이 나쁘고 범행기간도 길고 횟수도 많은 점에 대해 지적을 하였습니다.

한편 해당 영상물들을 클라우드에 저장하고 있었다는 점도 함께 지적되었는데, A가 피해자 Z에게 발각된 직후 해당 영상을 모두 삭제하여 현재 그 영상물이 존재하지 않는 점은 긍정적으로 판단하였습니다.

그리고 A는 피해자 X, Y와 합의를 하였고 두 피해자가 A에 대한 처벌불원의사를 전한 점과 A가 아무런 전과가 없는 초범인 점을 종합적으로 평가하여 법원은 A에게 징역형의 **집행유예**를 선고하였습니다.

택시운전사 승객 촬영 / 징역형

택시운전사 A는 자신이 운행하는 택시 안에서 운전석 대시보드 부근에 비밀 촬영 장비를 설치하여 택시 뒷좌석에 탑승한 여자 승객 X의 치마 안쪽의 허벅지와 속옷을 몰래 촬영한 것을 비롯하여 100여 명의 피해자들의 신체를 그 의사에 반하여 몰래 촬영하였습니다.

A는 2년 가까운 기간 동안 많은 피해 여성의 신체를 촬영하였습니다. 그러나 불행 중 다행히도 A가 촬영한 영상물은 유포된 정황이 없었습니다.

카메라등이용촬영죄의 경우 해당 촬영물이 유포되었는지 여부는 매우 중요합니다. 유포가 되는 경우 돌이킬 수 없는 큰 피해가 발생하게 되기 때문이지요. 그렇기에 처벌 수위도 한층 높아지게 됩니다. 합의나 선처의 여지도 당연히 낮아지고요. 그렇기에 이 사건에서 A가 촬영한 불법촬영물이 유포하지 않았다는 것은 A와 피해자들 모두에게 매우 다행인 점이었습니다.

그럼에도 A에게는 불리한 사정이 너무나 많았습니다. 2년이라는 오랜 기간에 100여 차례 자신이 운행하는 택시에 탑승한 불특정·다수 여자 승객들을 대상으로 성적 수치심을 유발할 수 있는 신체 부위를 촬영해 왔기 때문입니다. 피해자가 워낙 많아 죄질이 매우 좋지 않았고, 피해자를 특정할 수도 없었기 때문에 이러한 경우에는 피해자를 찾아 합의할 수도 없기 때문에 선처의 여지가 없습니다.

더욱이 A에게는 동종전과가 있었는데, 소형카메라를 장착한 신발을 여성 치마 아래로 들이밀어 수백 회에 걸쳐 불특정 다수의 여성의 치마 속을 촬영하여 카메라등이용촬영죄로 처벌받은 것이었습니다.

성범죄의 경우 동종전과나 폭력전과가 있는 경우 양형에 매우 불리합니다. 특히 성범죄의 전과가 있는 사람이 다시 성범죄를 저지른 경우에는 성범죄의 성향이 인정, 재범의 여지가 있는 것으로 평가하여 강하게 처벌하게 됩니다.

결국 이러한 A의 여러 사정을 고려하여 법원은 A에게 **징역 1년의** 실형을 선고하였습니다.

지하철 에스컬레이터 몰카 / 기소유예

A는 지하철 7호선 ○○역에서 카메라가 내장된 자신의 스마트폰을 이용하여 에스컬레이터를 타고 올라가는 여성의 치마 속을 동영상으로 촬영하던 중 지하철 단속 경찰관에 의해 현장에서 발각되었습니다.

A는 지하철 단속 경찰관에게 현장에서 바로 자신의 휴대전화를 임의제출하였는데, 해당 휴대전화에는 적발 당시 촬영된 영상 이외에는 불법촬영한 사진이나 영상을 발견할 수 없었습니다. 실제로 A에게는 아무런 전과가 없었고, 여죄가 있을 것으로 보이지도 않는 상황이었지요.

변호인은 A가 초범인 점, 현장에서 발각되자 즉시 해당 영상을 삭제한 점, 그리고 성적 욕망 또는 수치심을 유발할 수 있는 타인의 신체를 촬영한 전력이 없는 점을 강조했습니다. 또한 A가 충동적으로 호기심 때문에 잘못을 저질렀으나, 자신의 잘못을 인정하고 반성하고 다시는 같은 잘못을 저지르지 않겠다고 다짐하고 있는 점 등을 피력하였습니다.

그 결과 A는 기소유예 처분을 받을 수 있었습니다.

대부분의 피의자는 범행 현장에서 발각되는 경우, 당황한 나머지 바로 변호인을 선임하지 않고 혼자 경찰조사를 받는 경우가 있습니다. 그러나 이러한 경우 피의자가 겁을 먹은 나머지 자신에게 불리한 진술을 하여 첫 단추를 잘못 끼우는 결과가 발생하는 일이 흔합니다. 따라서 반드시 첫 조사부터 "변호인을 선임하고 조사를 받겠습니다." 라고 이야기하고 조사를 미루시는 게 좋습니다.

이 사건의 경우 첫 경찰 조사부터 변호인을 선임하여 동석한 덕분에 자신에게 불리한 진술을 하지 않아 방어에 도움이 되었고 그 결과 최선의 결과를 얻은 사례라고 할 수 있습니다.

지하철 승강장 계단 / 집행유예

A는 2018년 6월경 지하철 1호선 ○○역 1번 승강장 계단에서, 반바지를 입고 계단을 올라가는 여성을 보고 몰래 촬영해야겠다는 생각을 실행에 옮겼습니다. A는 자신 소유의 휴대전화를 꺼내 휴대전화의 카메라 기능을 이용하여 피해자의 허벅지를 동영상으로 몰래 촬영한 것을 비롯하여 2018년 6월경부터 2019년 5월경까지 총 308회에 걸쳐 성적 욕망 또는 수치심을 유발할 수 있는 피해자들의 신체를 그 의사에 반하여 촬영하였습니다.

이 사건에서 법원은 "1년 정도 되는 기간 동안 무려 308회에 걸쳐 지하철 역 등지에서 여성들의 치마 속 등 신체를 촬영하였는바, 이 사건 범행의 경위 및 내용, 범행 방법, 범행 기간 및 횟수, 범행의 대담성 등에 비추어 그 죄책이 매우 무겁고, 비난가능성도 크다."라고 보았습니다.

더욱이 치마를 입거나 짧은 반바지를 입은 불특정 다수인을 상대로 무차별적으로 촬영을 하였기 때문에 피해자를 특정해 합의를 할수도 없었기 때문에, A는 단 한 명의 피해자와도 합의하지 못하였습니다. 따라서 이러한 사정을 모두 종합하면 A의 죄질이 매우 좋지 않기 때문에 중한 처벌을 피할 수 없는 상황이었지요.

그러나 A는 전과가 전혀 없는 초범이었습니다. 또한 자신의 잘못을 인정하며 반성하는 모습을 보였습니다. 그리고 A의 모친은 이번 일로 A의 잘못을 알게 되었고, 다시는 잘못을 저지르지 않게끔 선도하겠다고 다짐하는 탄원서를 법원에 제출하기도 하였습니다. 그리고 A가 촬영한 사진과 영상이 많기는 하였으나, A가 이러한 불법촬영물을 타인과 공유하거나 유포를 한 사실은 전혀 없었습니다.

이러한 사정을 모두 고려하여 법원은 A에 대하여 징역형의 집행유예를 선고하였습니다.

훈계 목적 사진 전송 / 혐의없음

A는 아내인 X가 술에 취해 들어와 아이 방에서 옷도 제대로 갈아입지 않고 잠들어 있는 것을 보고 화가 났습니다. 당시 X는 상의는 탈의한 상태이고, 하의는 스타킹만 입은 채로 방바닥에 엎드린 채 누워서 자고 있었습니다.

A는 전에도 X에게 "아이들 보기에도 좋지 않은 모습이니 술에 만취해서 흐트러진 모습으로 바닥에 자는 것을 주의하라."라고 지적한 적이 있었습니다. 당시 아내는 "내가 언제 그랬냐."라는 반응이었습니다. 그래서 A는 '지금 이 모습을 있는 그대로 보여 줘야겠다.'라는 생각을 하였습니다.

이에 A는 X가 누워 있는 모습을 자신의 휴대전화로 촬영하였고 그 즉시 X에게 문자로 해당 사진과 함께 "나중에 이야기하자. 내가 퇴근할 때까지 반성하고 있어.", "전화나 문자 하지 마, 알았어?"라는 메시지를 전송하였습니다.

X는 A를 카메라등이용촬영죄로 고소하였습니다. 헐벗고 누워 있는 자신의 신체를 동의 없이 촬영하여 전송하였다는 취지였습니다.

이 사건에서도 A가 촬영한 X의 모습이 '성적 욕망 또는 수치심을 유발할 수 있는 타인의 신체'에 해당하는지 여부가 쟁점이었습니다.

검사는 A와 X가 부부지간으로서 본 건 당시에 원만한 관계를 유지했던 점, A가 위와 같은 문자를 보낸 경위가 X의 술버릇에 화가 나, 이를 지적하기 위한 것인 점, 해당 문자 이후 대화 내용을 보면 X가 다음 날 A에게 사과하고 일상적인 대화를 주고받으며 지낸 점, A가

위 사진을 다른 곳에 유포하였다는 아무런 자료도 발견되지 않은 점, A는 당시 사진을 X에게 전송한 후 바로 삭제하였다고 주장했고, 실제로 A의 휴대전화에서는 해당 사진이 남아 있지 않은 점, 검찰에 제출된 증거 사진은 X가 전송받은 사진을 저장하였다가 제출한 것인 점 등을 근거로 하여, A가 자신의 성적 욕망을 만족시키거나 X에게 성적 수치심을 유발시키기 위해 위 사진을 X에게 전송하였다고 보기 어렵다고 판단하였습니다. 결국 A는 **혐의없음** 처분을 받을 수 있었습니다.

누드 사진 이메일 전송 / 벌금형

사진작가인 A는 피해자 X를 누드모델로 섭외하여, 누드 사진을 촬영하기로 계약을 하였습니다. X는 모델을 하는 것에 동의하면서 촬영한 사진을 X 동의 없이 사용하거나 배포하지 않겠다는 조건을 달아 달라고 요청했습니다. A는 X의 요청을 받아들인 후, X의 누드사진을 200여 장을 촬영하였습니다.
그리고 A는 X에게 동의를 받지 않고 위 누드 사진을 제삼자에게 이메일로 전송했습니다.

X는 자신의 누드를 촬영하는 것을 동의했으나, 자신의 동의 없이 해당 사진이 배포되는 것을 원하지 않았습니다. 그래서 계약 조건으로 제시하였고, A가 이를 약속했기 때문에 모델을 하겠다고 결정한 것이었습니다.

그럼에도 A는 X의 동의 없이 해당 사진을 제삼자에게 제공하였습니다. 성폭력처벌법은 성적 욕망 또는 수치심을 유발할 수 있는 타인의 신체를 합의하에 촬영한 것이라 하더라도, 이후 그 촬영물이나 복제물을 촬영대상자의 의사에 반하여 유포하는 것을 처벌하고 있습니다.

따라서 이 사안의 경우 A가 X와 합의하에 누드 사진을 촬영하기는 하였으나, X의 동의 없이(심지어 해당 사진을 사용하거나 유포하는 행위를 할 때는 자신의 동의를 받아야 한다고 명시하였음에도 불구하고) 제삼자에게 전송한 것입니다. 이는 카메라 등을 이용하여 성적 욕망 또는 수치심을 유발할 수 있는 피해자의 신체를 촬영한 촬영물을 그 의사에 반하여 다른 사람에게 제공한 행위임이 명백합니다.

법원은 "A가 유포한 사진의 내용과 유포를 하게 된 과정을 보면 죄질이 좋지 않다."라고 보면서도, "A가 자신의 잘못을 뉘우치고 있는 점, 형사 처벌을 받은 전력이 없는 초범인 점, 재판단계에서 X와 원만히 합의를 하여, X가 재판부에 처벌불원서가 제출된 점은 유리한 사정에 해당한다."라고 판단하였습니다. 결국 A는 벌금형을 선고받았습니다.

★ 레깅스 불법촬영 (2020 대법원 판례 해설)

　항소심에서 무죄 판결을 받아 화제가 되었던 '레깅스 불법촬영 사건'에 대해 대법원이 2020년 12월 24일 검사의 상고를 받아들여 유죄의 취지로 원심을 파기하였습니다.

　이 사건의 공소사실은 "피고인이 같은 버스에 타고 있던 피해자가 하차를 하기 위해 버스 단말기 앞에 서 있는 모습을 자신의 휴대전화기 카메라 기능을 이용하여 레깅스 바지를 입고 있는 피해자의 엉덩이 부위 등 하반신을 약 8초 동안 피해자의 동의 없이 동영상 촬영을 하였다."라는 것입니다.

　'카메라나 그밖에 이와 유사한 기능을 갖춘 기계장치를 이용하여 성적 욕망 또는 수치심을 유발할 수 있는 다른 사람의 신체를 그 의사에 반하여 촬영'하는 행위를 처벌하는 성폭력범죄의 처벌 등에 관한 특례법 제14조 제1항은 인격체인 피해자의 성적 자유와 함부로 촬영당하지 아니할 자유를 보호하기 위한 것이다. 촬영한 부위가 '성적 욕망 또는 수치심을 유발할 수 있는 다른 사람의 신체'에 해당하는지는 객관적으로 피해자와 같은 성별, 연령대의 일반적이고 평균적인 사람들의 관점에서 성적 욕망 또는 수치심을 유발할 수 있는 신체에 해당되는지를 고려함과 아울러, 피해자의 옷차림, 노출의 정도 등은 물론, 촬영자의 의도와 촬영에 이르게 된 경위, 촬영 장소와 촬영 각도 및 촬영 거리, 촬영된 원판의 이미지, 특정 신체 부위의 부각 여부 등을 종합적으로 고려하여 구체적·개별적·상대적으로 결정하여야 한다(대법원 2016. 1. 14. 선고 2015도16851 판결 참조).

카메라이용촬영죄가 성립하기 위해서는 '타인의 신체' 중에서 '성적 욕망 또는 수치심을 유발할 수 있는 모습'이 촬영되어야 합니다. 따라서 레깅스를 입은 여성은 타인의 신체에 해당하지만, 그 모습이 성적 욕망 또는 수치심을 유발하는 것인지 여부가 쟁점이었습니다. 이에 대해 1심은 레깅스를 입고 있는 엉덩이 부위 등 하반신이 성적 욕망 또는 수치심을 유발할 수 있다고 보아 유죄를 선고하였고, 항소심은 무죄, 대법원 상고심은 유죄 취지로 판결을 하면서 그 판단이 서로 엇갈리면서 의미를 갖게 되었습니다.

위 대법원 판례가 자세히 설시하고 있듯이 '특별한 각도나 특수한 방법이 아닌 사람의 시야에 통상적으로 비춰지는 부분을 그대로 촬영'한 경우에는 성적 욕망 또는 수치심을 유발할 수 있는 타인의 신체로 보지 않습니다. 예를 들어 커피숍 종업원이 서빙하는 모습을 보고 전신사진을 찍었거나 걸어 다니는 모습을 영상으로 찍었다면 카메라 등이용촬영죄는 성립하지 않는다는 것이지요.

항소심 재판부는 "이 사건 동영상 촬영 당시 피해자는 엉덩이 바로 위까지 내려오는 다소 헐렁한 운동복 상의를 입고 있었고, 발목까지 내려오는 검정색 레깅스 하의에 운동화를 신고 있어 외부로 직접 노출되는 피해자의 신체 부위는 목 윗부분과 손, 그리고 레깅스 끝단과 운동화 사이의 발목 부분이 전부였다. 피고인이 촬영한 피해자의 모습은 특별한 각도나 특수한 방법이 아닌 사람의 시야에 통상적으로 비춰지는 부분을 그대로 촬영한 것이었고, 피해자가 당시 입고 있던 레깅스는 피해자와 비슷한 연령대의 여성들 사이에서 일상복으로 활용되고 있으며, 피해자 역시 위와 같은 옷차림으로 대중교통에 탑승하여 이동하였다는 점을 바탕으로 판단컨대, 피고인이 촬영한 영상은 성적 욕망 또는 수치심을 유발할 수 있는 타인의 신체에 해당하지 않는다."라고 판단하여 피고인에게 무죄를 선고하였습니다.

한편 이 사건에서 피해자는 경찰조사 당시 심정에 대하여 "기분 더럽고, 어떻게 저런 사람이 있나, 왜 사나 하는 생각을 했다."라고 진술하기도 하였습니다. 이러한 진술 내용에 따르면, 피고인의 이 사건 행위가 부적절하고 피해자에게 불쾌감을 유발하는 것임은 분명하다

할 것입니다. 그러나 카메라등이용촬영죄는 성범죄를 처벌하는 내용으로서 객관적으로 보아 피해자가 성적 수치심을 느낄 만하다는 것을 요건으로 하고 있습니다. 따라서 법원은 피해자의 위와 같은 진술이 불쾌감이나 불안감을 넘어 성적 수치심을 나타낸 것이라고 단정하기 어렵다고 보았고, 이에 무죄를 판단하는 근거로 제시하기도 하였던 것입니다.

항소심 판결에 대한 기사가 나왔을 때 댓글의 대부분은 "왜 남의 신체를 몰래 촬영하느냐. 나쁘다! 이게 어떻게 무죄냐."라는 내용이었습니다. 당연히 누군가가 내 모습을 몰래 촬영하였다면 불쾌하겠지요. 그러나 그 불쾌감이 위법한 행위이거나 성범죄에 해당하는지 여부는 다른 차원의 문제이기 때문에 그 구성요건을 면밀히 살펴보아야 하는 것입니다.

항소심에서 무죄의 판결이 난 후, 검사는 곧바로 상고를 하였습니다. 이에 대법원은 "이 사건 동영상에는 피해자의 얼굴과 상체의 일부를 제외한 전신이 촬영된 부분도 있으나, 대체로 피해자의 엉덩이를 포함한 하반신을 위주로 촬영이 이루어졌고, 피해자의 엉덩이를 포함한 하체 뒷부분의 굴곡이 그대로 이 사건 동영상에 선명하게 담겼다. 카메라등이용촬영죄의 대상이 되는 신체가 반드시 노출된 부분으로 한정되는 것은 아니다. 이 사건과 같이 의복이 몸에 밀착하여 엉덩이와 허벅지 부분의 굴곡이 드러나는 경우에도 성적 욕망 또는 수치심을 유발할 수 있는 신체에 해당할 수 있다. 레깅스가 일상복으로 활용된다거나, 피해자가 레깅스를 입고 대중교통을 이용하였다는 사정은 레깅스를 입은 피해자의 모습이 타인의 성적 욕망의 대상이 될 수 없는 타당한 이유가 될 수 없다. 피해자가 자신의 개성을 표현하거나 생활의 편의를 위해 공개된 장소에서 자신의 의사에 의하여 드러낸 신체 부분이라고 하더라도 이를 본인의 의사에 반하여 함부로 촬영당하는 맥락에서는 성적 수치심이 유발될 가능성이 있다."라고 보았습니다(대법원 2019도16258 판결 참조).

한편 대법원은 피해자가 "기분이 더럽고, 어떻게 저런 사람이 있나, 왜 사나 하는 생각을 했다."라고 진술한 부분이 성적 수치심으로 볼 수 있을지에 대해서도, 피해자가 성적 자유를 침해당했을 때 느끼는 성적 수치심은 부끄럽고 창피한 감정으로만 나타나는 것이 아니라 분노·공포·무기력·모욕감 등 다양한 형태로 나타날 수 있는데, 해당 피해자의 진술은 피해자의 성적 모멸감, 함부로 성적 욕망의 대상으로 이용당하였다는 인격적 존재로서의 분노와 수치심을 표현한 것으로서 성적 수치심이 유발되었다는 의미로 충분히 이해된다고 판시하였습니다.

결국 이 사건의 파기환송심에서는 대법원의 취지대로 피고인에게 유죄가 선고될 것입니다.

이 사건 대법원 판례는 카메라등이용촬영죄의 보호법익으로서의 '성적 자유'라는 소극적으로 자기 의사에 반하여 성적 대상화가 되지 않을 자유를 의미한다고 최초로 판시함으로서 카메라등이용촬영죄의 보호법익을 구체화하였다는 그 의미가 있습니다.

음란물·성착취물

n번방 사건이 제대로 알려지지 않았을 때, 이 사건은 단순히 음란물을 여러 사람이 공유한 것으로 여겨지곤 했습니다. 기존 웹하드를 통한 음란물이나 불법영상물이 계속 떠돌아다니는 정도로만 인식이 되었지요. 그러나 이 사건이 단순히 음란물 공유의 수준을 넘어 피해자의 성을 착취하거나 성을 학대하는 행위가 벌어졌고 이로 인해 얻게 된 영상물이 판매·유통되는 등 심각한 폐해를 낳는 사건이라는 점이 밝혀지며 공분을 샀습니다.

결국 이 사건으로 인해 「아동·청소년의 성보호에 관한 법률」의 '아동·청소년이용음란물'이라는 용어가 '아동·청소년성착취물'로 변경되었고, 아동·청소년성착취물의 제작·배포 등에 관한 죄에서 벌금형을 삭제하였고, 아동·청소년성착취물을 광고·소개하거나 구입·시청한 자에 대해서도 처벌을 하는 내용이 추가되기도 하였습니다.

아동·청소년의 성보호에 관한 법률

제11조(아동·청소년성착취물의 제작·배포 등) ① 아동·청소년성착취물을 제작·수입 또는 수출한 자는 무기징역 또는 5년 이상의

유기징역에 처한다.

② 영리를 목적으로 아동·청소년성착취물을 판매·대여·배포·제공하거나 이를 목적으로 소지·운반·광고·소개하거나 공연히 전시 또는 상영한 자는 5년 이상의 징역에 처한다.

③ 아동·청소년성착취물을 배포·제공하거나 이를 목적으로 광고·소개하거나 공연히 전시 또는 상영한 자는 3년 이상의 징역에 처한다.

④ 아동·청소년성착취물을 제작할 것이라는 정황을 알면서 아동·청소년을 아동·청소년성착취물의 제작자에게 알선한 자는 3년 이상의 징역에 처한다.

⑤ 아동·청소년성착취물을 구입하거나 아동·청소년성착취물임을 알면서 이를 소지·시청한 자는 1년 이상의 징역에 처한다.

⑥ 제1항의 미수범은 처벌한다

⑦ 상습적으로 제1항의 죄를 범한 자는 그 죄에 대하여 정하는 형의 2분의 1까지 가중한다.

그리고 「성폭력범죄의 처벌 등에 관한 특례법」 역시 카메라등이용촬영죄의 촬영물 또는 그 복제물을 소지·구입·저장 또는 시청한 자에 대해서도 처벌하는 규정을 신설하였습니다. 이로 인해 성인이 등장하는 불법촬영물 등이라 하더라도 소지 등을 하는 경우 처벌을 받을 수 있게 된 것입니다.[3] 한편 딥페이크나 딥보이스 등 신종 디지털 성범죄를 처벌하기 위한 조항도 신설이 되어 대상자의 의사에 반하여 성적 욕망 또는 수치심을 유발할 수 있는 형태로 편집·합성·가공을 하여 허위영상물 등을 제작하고 반포하는 등의 행위도 규제할 수 있게 되었습니다.

성폭력범죄의 처벌 등에 관한 특례법

제14조(카메라 등을 이용한 촬영) ① 카메라나 그 밖에 이와 유사한 기능을 갖춘 기계장치를 이용하여 성적 욕망 또는 수치심을 유발할 수 있는 사람의 신체를 촬영대상자의 의사에 반하여 촬영한 자는 7년 이하의 징역 또는 5천만 원 이하의 벌금에 처한다.

② 제1항에 따른 촬영물 또는 복제물(복제물의 복제물을 포함한다. 이하 이 조에서 같다)을 반포·판매·임대·제공 또는 공공연하게 전시·상영(이하 "반포 등"이라 한다)한 자 또는 제1항의 촬영이 촬영 당시에는 촬영대상자의 의사에 반하지 아니한 경우(자신의 신체를 직접 촬영한 경우를 포함한다)에도 사후에 그 촬영물 또는 복제물을 촬영대상자의 의사에 반하여 반포 등을 한 자는 7년 이하의 징역 또

---

3   이 책에서는 카메라등이용촬영죄 부분에서 불법촬영물 소지죄 사례를 소개하였으므로, 음란물·성착취물 부분에서는 허위영상물 사례만 다루도록 하겠습니다.

는 5천만 원 이하의 벌금에 처한다.

③ 영리를 목적으로 촬영대상자의 의사에 반하여 「정보통신망 이용촉진 및 정보보호 등에 관한 법률」 제2조 제1항 제1호의 정보통신망(이하 "정보통신망"이라 한다)을 이용하여 제2항의 죄를 범한 자는 3년 이상의 유기징역에 처한다.

④ 제1항 또는 제2항의 촬영물 또는 복제물을 소지 · 구입 · 저장 또는 시청한 자는 3년 이하의 징역 또는 3천만 원 이하의 벌금에 처한다.

⑤ 상습으로 제1항부터 제3항까지의 죄를 범한 때에는 그 죄에 정한 형의 2분의 1까지 가중한다.

제14조의2(허위영상물 등의 반포 등) ① 반포 등을 할 목적으로 사람의 얼굴 · 신체 또는 음성을 대상으로 한 촬영물 · 영상물 또는 음성물(이하 이 조에서 "영상물 등"이라 한다)을 영상물 등의 대상자의 의사에 반하여 성적 욕망 또는 수치심을 유발할 수 있는 형태로 편집 · 합성 또는 가공(이하 이 조에서 "편집 등"이라 한다)한 자는 5년 이하의 징역 또는 5천만 원 이하의 벌금에 처한다.

② 제1항에 따른 편집물 · 합성물 · 가공물(이하 이 항에서 "편집물 등"이라 한다) 또는 복제물(복제물의 복제물을 포함한다. 이하 이 항에서 같다)을 반포 등을 한 자 또는 제1항의 편집 등을 할 당시에는 영상물 등의 대상자의 의사에 반하지 아니한 경우에도 사후에 그 편

집물 등 또는 복제물을 영상물 등의 대상자의 의사에 반하여 반포 등

을 한 자는 5년 이하의 징역 또는 5천만 원 이하의 벌금에 처한다.

③ 영리를 목적으로 영상물 등의 대상자의 의사에 반하여 정보통신

망을 이용하여 제2항의 죄를 범한 자는 7년 이하의 징역에 처한다.

④ 상습으로 제1항부터 제3항까지의 죄를 범한 때에는 그 죄에 정한

형의 2분의 1까지 가중한다.

인터넷의 발달과 스마트폰이 대중화되면서 다양한 유형의 범죄가 새로 생겨나고 있지요. 이러한 경향은 성범죄의 경우도 마찬가지입니다. 스마트폰을 손에서 놓지 않는 현대인들은 매 순간 카메라를 들고 있는 것과 같은 상황이다 보니 어디서든 촬영으로 하고 또 이렇게 촬영된 사진이나 영상을 손쉽게 공유할 수 있게 되었으니까요.

음란물도 마찬가지입니다. 모두가 불법인 것을 알고는 있었지만 크게 사회문제로 대두되지는 않던 무렵, '리벤지 포르노' 문제가 불거졌고, 이와 더불어 '잊힐 권리', 그리고 '웹하드 카르텔'이라는 단어가 한국사회를 휩쓸기도 했습니다.

굳이 웹하드뿐만이 아니라 메신저 앱의 단체 채팅방을 이용하여 음란물을 손쉽게 공유하는 일도 적지 않은 것으로 보입니다. 또한 외국에 서버를 둔 앱 채팅방에서는 음란물이나 불법촬영물의 샘플을

제공한 후 돈을 받고 판매하기도 하는 등 신종 수법이 계속해서 생겨나고 있으며, 최근 인터넷방송을 통해 음란행위를 하는 영상을 실시간으로 전송하며 시청자들로부터 후원금을 받는 사건들도 늘어가고 있습니다. 이렇듯 음란물을 대면하지 않고도 수많은 사람에게 배포하거나 판매하는 등의 행위가 끊이지 않고 있습니다.

정보통신망이용촉진및정보보호등에관한법률

제44조의7 (불법정보의 유통금지 등) ① 누구든지 정보통신망을 통하여 다음 각 호의 어느 하나에 해당하는 정보를 유통하여서는 아니 된다.

1. 음란한 부호·문언·음향·화상 또는 영상을 배포·판매·임대하거나 공공연하게 전시하는 내용의 정보

제74조 (벌칙) ① 다음 각 호의 어느 하나에 해당하는 자는 1년 이하의 징역 또는 1천만 원 이하의 벌금에 처한다.

2. 제44조의7 제1항 제1호를 위반하여 음란한 부호·문언·음향·화상 또는 영상을 배포·판매·임대하거나 공공연하게 전시한 자

아청법위반성착취물소지 / 집행유예

A는 텔레그램을 통해 알게 된 Z가 알려준 인터넷 성인사이트에 접속하였습니다. 이후 인터넷 클라우드에 업로드한 아동·청소년성착취물 파일 약 400개를 다운로드 받아 자신의 외장하드에 저장하여 보관하였습니다.

누구든지 아동·청소년 또는 아동·청소년으로 명백하게 인식될 수 있는 사람이나 표현물이 등장하여 '성교행위, 구강·항문 등 신체의 일부나 도구를 이용한 유사 성교행위, 신체의 전부 또는 일부를 접촉·노출하는 행위로서 일반인의 성적 수치심이나 혐오감을 일으키는 행위, 자위행위' 중 어느 하나에 해당하는 행위를 하거나 그 밖의 성적 행위를 하는 내용을 표현하는 것으로서 필름·비디오물·게임물 또는 컴퓨터나 그 밖의 통신매체를 통한 화상·영상 등의 형태로 된 아동·청소년성착취물을 소지하여서는 안 됩니다.

위에서도 설명한 바와 같이 「아동·청소년의 성보호에 관한 법률」이 2020년 6월 2일 개정되면서 '아동·청소년이용음란물'을 '아동·청소년성착취물'이라는 용어로 변경하였습니다. 따라서 2020년 6월 2일 이전의 범죄는 아동·청소년의성보호에관한법률위반(음란물소지) 혐의가 적용되고, 이후의 범죄에 대해서는 아동·청소년의성보호에관한법률위반(성착취물소지) 혐의가 적용됩니다.

이 사건에서는 A가 2020년 7월 27일경까지 아동·청소년성착취물을 보관하였기 때문에 아동·청소년의성보호에관한법률위반(성착취물소지) 혐의로 재판을 받게 되었습니다.

법원은 "아동·청소년성착취물의 소지 행위는 아동·청소년을 대상으로 한 성착취물 제작 범행의 유인을 제공하고 그 음란물을 시청하는 사람들의 성의식을 크게 왜곡시키는 등 사회 전반에 미치는 해악이 심각한 범죄이므로 이를 근절하여야 할 공익상 요청이 강하다."라는 점을 지적하였습니다.

그리고 A가 아동·청소년성착취물을 다운로드하여 이를 몇 개월 동안 소지하였는바, 그 죄질이 좋지 않을 뿐만 아니라 그 죄책 또한 결코 가볍지 아니한 점 등을 종합하면, 피고인에게는 그 범행에 상응하는 엄한 처벌이 필요해 보인다고 하였습니다.

그러면서도 법원은 A가 이른바 n번방 사건을 알게 된 후 인터넷 성인사이트 계정을 삭제하고, 소지하고 있던 일부 아동·청소년성착취물을 삭제하였으며 추가로 아동·청소년성착취물을 다운로드 받지는 않았고, 이를 다시 유포하지도 않은 것으로 보인다며 A에게 징역형의 집행유예를 선고하였습니다.

아동·청소년의성보호에관한법률위반(성착취물소지)는 아동·청소년성착취물에 관한 범죄 중 가장 경하게 처벌을 하지만, 벌금형이 없고 징역형만 선고하도록 하고 있어, 선처를 받는다 하더라도 징역형의 집행유예가 예상되는 중범죄입니다. 또한 다운로드까지 이어지지 않는 단순 시청의 경우에도 똑같이 처벌을 받는다는 점에 유의하시길 바랍니다.

아청법위반음란물소지 / 집행유예

A는 Z가 게시한 SNS 광고글을 보고 메시지를 통해 아동·청소년이용음란물을 구매하기로 하고, Z 명의의 계좌로 총 23,000원을 송금하여 약 550여 개의 아동·청소년이용음란물을 전송받아 소지하였습니다.

이 사건에서 A는 해당 파일이 아동·청소년이용음란물임을 알지 못한 채 구입을 하였고, 수사 도중에서야 해당 영상이 아동·청소년이용음란물인 것을 알게 되었다고 주장하였습니다.

법원은 A가 영상물 중 80개가량을 시청하였다고 진술한 바 있는데, 위 동영상에 나오는 여자의 얼굴이나 체격, 신체발육상태 등에 비추어 보면 A가 구입한 동영상들은 대부분 아동·청소년을 이용한 음란물임이 객관적으로 분명하고, Z가 게시한 광고글의 제목에서도 해당 영상이 아동·청소년이 등장하는 것을 명백히 알 수 있다며 A의 주장을 받아들이지 않았습니다.

결국 A는 징역형의 집행유예가 선고되었습니다.

딥페이크 합성 음란물 / 집행유예

A는 자신의 집에서 컴퓨터를 이용하여 불상의 여성들의 나체 또는 성관계 사진과 유명 여성 연예인들의 얼굴을 합성한 음란물 사진 수백 장을 제작하였습니다. 이후 A는 이 사진들을 판매하기 위하여 자신이 개설한 블로그에 해당 음란물 사진을 판매한다는 광고 글을 게시하고 총 60여 회 음란물 사진 파일을 판매하였습니다.

딥페이크가 문제되는 것은 주로 영상인데, 유일하게 딥페이크라는 내용의 판결문이 나와서 소개합니다. 이 사건은 A가 게시한 광고 글을 보고 연락한 경찰관이 수사의 일환으로 A에게 연락을 하여 해당 영상을 구매하는 과정에서 적발되었습니다.

이 사건에서 법원은 A가 유명 연예인들의 얼굴을 합성한 음란물 사진 수백 장을 제작한 후 이를 판매하였는바, A가 판매한 음란물의 개수 및 내용, 범행 기간, 범행으로 취득한 이익, 이로 인해 피해자 측의 명예가 심각하게 훼손된 점 등에 비추어 보면 그 죄질이 좋지 않다고 보았습니다. 결국 A는 형사 처벌을 받은 전력이 전혀 없는 초범이었음에도 징역형의 집행유예를 선고받게 되었습니다.

이 사건은 여성의 나체나 성관계 사진에 유명 여성 연예인의 얼굴을 합성하여 사진을 만들고 판매하여 정보통신망이용촉진및정보보호등에관한법률위반(음란물유포) 혐의가 적용되었습니다. 이것은 「성폭력범죄의 처벌 등에 관한 특례법」의 제14조의2에서 허위영상물 처벌에 관한 규정이 만들어지기 전에 행해진 범죄이기 때문입니다. 따라서 2020년 6월 25일 이후 이 사건과 같은 범행을 저지르게 된다면 성폭력처벌법의 적용을 받게 됩니다.

SNS 유사성행위 개인방송 / 집행유예

A는 2018년 8월경 SNS 개인방송을 통해 음란행위를 하는 방송 진행자였습니다. A는 자신의 계정 생방송을 통해 유사성행위 등 음란행위를 하여, 약 1,000여 명의 불특정 다수 시청자들이 실시간으로 시청할 수 있도록 하고, 시청자들로부터 자신이 지정한 계좌로 후원금을 받는 등 음란 영상을 배포·반포하였습니다.

또한 A는 2018년 10월경 위 사이트에서 생방송을 하며, 자신이 제작한 음란 영상을 배포·반포하기도 하였는데, A는 1년여 기간 동안 총 23회에 걸쳐 이러한 행위를 하며 24,000여명의 시청자들로부터 약 3,000만 원 가량의 수익을 얻었습니다.

개인방송이 성행하며 이를 통해 큰돈을 버는 사람들이 알려지자, 많은 사람들이 크리에이터라는 직업을 꿈꾸며 개인방송을 시작하였지요. 그러다 보니 더 많은 사람들이 봐 주어야 광고비도 얻고 후원금도 받으니, 더 자극적이고 위험한 내용이 정제되지 않은 채 생방송으로 전달되는 경우가 많은 것 같습니다.

A는 이미 동종사건으로 처벌받은 적이 있었습니다. 그럼에도 1년 이상 계속하여 개인방송을 이용해 음란물을 배포·반포하였습니다. 그동안 수만 명에 달하는 시청자들이 A가 제작하거나 출연한 음란물을 보았기 때문에 그 죄질이 매우 좋지 않았습니다.

그렇지만 A는 자신의 정신에 문제가 있는 것 같다며 스스로 우울증 등 정신과 치료를 받으며 다시는 같은 잘못을 저지르지 않겠다는 의지를 표명하기도 하였는데, 재판부는 이 점을 긍정적으로 평가하였습니다.

법원은 결국 A에게 징역형의 집행유예를 선고하며, A가 방송으로 얻은 수익 3천여만 원을 추징하였습니다.

음란물 동영상 게시 / 집행유예

A는 2018년경 자신이 운영하는 ○○사이트의 방문자 수를 증가시켜 광고비를 받으려는 목적으로 웹 크롤링 자동수집 프로그램(일명 '파싱 프로그램')을 이용하여 2018년 3월경부터 2019년 9월경까지 다른 사이트에 게시되어 있는 음란한 영상을 ○○사이트 게시판에 옮겨와 게시하는 방법으로 음란한 영상을 공공연하게 전시하였습니다.

정보통신망을 이용하는 범죄의 경우 전파성이 강하기 때문에 처벌을 강하게 할 수밖에 없습니다. 마찬가지 이유로 이러한 혐의를 받는 경우 즉시 압수·수색을 당하거나 수사단계에서부터 구속될 가능성이 매우 높습니다.

이 사건에서 A는 음란한 영상을 ○○사이트에 게시한 것으로, 이는 전파성이 매우 강한 범죄에 해당합니다. 더욱이 1년 6개월이라는 기간 동안 수만 개의 음란한 영상을 게시하였으며, 이로 인해 얻은 수익도 상당한 것으로 확인되었습니다.

법원은 이러한 사정들을 모두 종합하여 A의 범행은 죄질이 매우 불량하다고 판단, A에게 징역형의 집행유예를 선고하였습니다.

카메라등이용촬영죄가 성립하게 위해서는 '성적 욕망 또는 수치심을 유발할 수 있는 (다른) 사람의 신체'를 촬영하여야 합니다. 그렇기 때문에 타인의 신체가 담긴 영상을 촬영하거나, 자기 자신을 촬영한 경우는 카메라등이용촬영죄가 성립하지 않습니다.

이러한 내용은 카메라등이용촬영죄 성립과 관련하여 매우 중요한 사항입니다. 아래의 두 대법원 판례는 위와 같은 결론에 대해 아래와 같이 설시하고 있습니다.

① A는 X와 인터넷 화상채팅을 하면서 자신의 휴대전화로 X가 화상채팅을 하며 나오는 화면을 촬영하였습니다. 이에 A는 카메라등이용촬영죄로 재판을 받았습니다.

이 사건을 구체적으로 따지자면, 피해자가 스스로 자신의 신체부위를 화상카메라에 비추었고, 카메라 렌즈를 통과한 상(象)의 정보가 디지털화되어 A의 컴퓨터에 전송되었으며, A는 수신된 정보가 영상으로 변환된 것을 휴대전화의 카메라 기능을 이용하여 동영상 파일로 저장한 것입니다. 따라서 A가 촬영한 대상은 피해자의 신체 이미지가 담긴 영상일 뿐, 피해자의 신체 그 자체는 아니었습니다.

대법원은 "카메라등이용촬영죄에서 처벌 대상으로 삼고 있는 것은 '다른 사람의 신체 그 자체'를 카메라 등 기계장치를 이용해서 '직접' 촬영한 경우에 한정된다고 보아야 한다."라며 A에게 무죄를 선고하였습니다.[4]

> ② B는 여자친구 Y로부터 헤어짐을 통보받고 연락이 끊기자 화가 났습니다. 이에 Y와 사귀던 시절 Y로부터 전송받은 나체사진과 샤워 장면이 담긴 영상을 Y의 지인들에게 SNS 메신저를 통해 전송하였습니다.

이 사건에서 검사는 주위적으로 카메라등이용촬영, 예비적으로 음란물유포로 기소했습니다. 다시 말해, '카메라등이용촬영죄가 인정될 것 같은데, 만약 아니어도 음란물유포죄는 성립할 것 같습니다.'라는 취지[5]였지요.

이 사건 영상은 예전에 'Y가 자신의 모습을 직접 찍은 것'입니다. 대

---

4 2013도4279 판결문 참조.
5 카메라등이용촬영죄의 법정형은 7년 이하의 징역 또는 5천만 원 이하의 벌금이고, 음란물유포죄의 법정형은 1년 이하의 징역 또는 1천만 원 이하의 벌금입니다. 따라서 카메라등이용촬영죄가 더 무거운 죄인 것이지요. 따라서 하나의 행위가 두 가지 법 조항에서 정하고 있는 범죄에 해당하는 것으로 보일 때, 더 중한 것을 먼저 적용하기 때문에 이와 같이 기소를 한 것으로 보입니다.

법원은 "카메라등이용촬영죄에서 처벌하는 것은 다른 사람의 신체를 촬영한 영상에 한정하는 것이므로, 스스로 자신의 신체를 촬영한 것까지 이에 포함시키는 것은 잘못되었다."라고 판시하고 있습니다.[6]

그러므로 이 사건은 주위적 공소사실은 **무죄**, 예비적 공소사실은 **유죄**(카메라등이용촬영죄는 해당하지 않으나, 음란물유포죄에는 해당함)라는 결론에 달할 수 있었습니다.

위와 같은 사례들을 보면 '다 잘못된 행동인데, 죄가 되어야지. 이게 무슨 말장난인가.' 생각이 들 수도 있을 겁니다. 그러나 형사법은 문언의 해석을 중요하게 생각할 수밖에 없습니다. 왜냐하면 형사법은 결국 사람을 처벌하는 것이므로 어떠한 표현이나 문구를 확대해석하여 처벌하게 된다면, 애초에 그 사람이 자신의 행위가 위법한지 여부조차 알 수 없었던 것으로 이러한 예측가능성이 없는 행위까지 해석을 통해 처벌하게 된다면 법적 안정성을 해하는 등 매우 부당한 결과를 낳을 수 있기 때문입니다. 따라서 설령 옳지 않은 행동에 대해 규정이 존재하지 않는 등의 이유로 처벌하지 못한다고 하더라도 문언의 통상적인 의미를 벗어나는 경우를 배제하는 것이 기본 원칙

---

6 대법원 2019도7759 판결 참조.

이 될 수밖에 없습니다.

　그리고 설령 어떠한 특정 범죄가 성립하지 않는다고 해서 완전히 무죄라는 뜻은 아니며 다른 범죄가 성립할 수도 있습니다. 그러므로 검사는 관련 규정들을 꼼꼼하게 살펴 그 행위에 합당한 혐의를 적용하여 그에 합당한 처벌이 이루어지도록 노력해야 할 것입니다.

통신매체이용음란죄

「성폭력범죄의 처벌 등에 관한 특례법」은 자기 또는 타인의 성적 욕망을 유발하거나 만족시킬 목적으로 통신매체를 이용하여 성적 수치심이나 혐오감을 일으키는 말이나 글자 등을 상대방에게 도달하게 하는 경우를 통신매체이용음란죄로 규정하고 처벌하도록 하고 있습니다.

다양한 성범죄 사건 유형 중에서도 통신매체이용음란죄는 범행 횟수가 많은 축에 속합니다. 상습적으로 버릇처럼 하는 경우가 많다는 특징이 있기 때문입니다. 그렇다 보니 동일한 범죄 전과가 많기도 하고, 처음에는 장난처럼 시작하였다가 점점 본인이 통제할 수 없을 정도로 진화하기도 합니다.

직접 변호했던 사건 중에는 이런 사건도 있었습니다. 피의자가 처음에는 무작위로 전화를 하여 여성이 받으면 야한 농담을 하는 방식으로 범행을 하였다가, 한 번 처벌을 받은 이후로 점점 지능화되어 술만 마시면 자신도 기억하지 못하는 사이에 발신자표시제한 서비스를 이용하여 미리 수집해 놓은 20대 여성들의 전화번호를 눌러 전화를 하고, 술에서 깨기 전에 발신이력을 지우고 잠이 드는 것까지 발전하기도 하였습니다. 자기 자신마저 기억하지 못하도록 하는 치밀함을 보인 것이었지요.

당시 수사관이 송치한 피의자의 범행은 약 100건 정도였는데, 피의자의 당시 통화 패턴과 통신사로부터 받은 발신내역으로 보아 사실은 수백 건의 피해사례가 있었을 것으로 추정되는 상황이었습니다. 그럼에도 불구하고 사건이 관리가 안 될 정도로 너무 많고, 피의자조차 언제 누구에게 전화해서 어떤 말을 했는지를 전혀 기억하지 못하고 있었기 때문에, 수사관이 해당 통화 내역에 나와 있는 연락처로 일일이 전화를 하여 피해자가 피해 사실을 확인해 준 경우만 추려 100여 건으로 정리하였던 것입니다.

그러므로 이러한 범죄로 처벌을 받은 전력이 있다면, 자신을 강하게 바로잡지 않으면 언제든 같은 잘못을 반복할 수 있음을 인지하고 음주를 삼가거나, 심리치료를 받는 등의 노력이 계속되어야 할 것으로 보입니다.

음란전화 / 벌금형

A는 회사를 마치고 집으로 귀가하는 도중, 우연히 자동차를 주차하고 내리는 피해자 X를 발견하고 일방적으로 호감을 가지게 되었습니다. 이에 A는 나중에 X에게 전화할 생각으로 X의 차량 앞 유리에 붙어 있던 X의 휴대전화번호를 저장하였습니다.

이후 A는 집에 도착하여 발신번호표시제한 서비스를 이용하여 X에게 전화를 하였습니다. 그리고는 마치 자신이 X의 지인인 것처럼 행세하며 "오빤데, 전화 끊지 마.", "좋아한다.", "사랑한다.", "하고 싶다."라는 등의 말을 하였습니다.

피해자와 만나거나 직접 접촉을 하는 것이 아니라고 하여 이와 같은 범행을 가볍게 생각해서는 안 됩니다. 익명성을 이용하여 상대방에게 성적 수치심이나 혐오감을 일으킬 만한 말을 하는 자체만으로도 범죄에 해당하기 때문입니다.

성폭력범죄의 처벌 등에 관한 특례법

제13조(통신매체를 이용한 음란행위) 자기 또는 다른 사람의 성적 욕망을 유발하거나 만족시킬 목적으로 전화, 우편, 컴퓨터, 그 밖의 통신매체를 통하여 성적 수치심이나 혐오감을 일으키는 말, 음향, 글, 그림, 영상 또는 물건을 상대방에게 도달하게 한 사람은 2년 이하의 징역 또는 2천만 원 이하의 벌금에 처한다.

법원은 A가 초범이기는 하나 이 사건 범행으로 인한 피해자의 정신적 충격이 상당하였을 것으로 보이고, A가 합의를 하였거나 X의 피해회복을 위한 노력을 전혀 하지 않은 점을 지적하며 A에게 벌금형을 선고하였습니다.

　따라서 이와 같은 잘못을 하는 경우 피해자와 합의를 하기 위해 노력하거나 피해자의 피해회복을 위해 최선을 다하는 것이 매우 중요합니다. 그러나 성범죄 피해자와는 직접 연락할 수가 없으므로 변호인을 통해 피해자에게 사죄의 의사를 전하고 합의를 하는 것이 무엇보다 좋은 방법입니다.

직장상사 성관계 동영상 전송 / 무죄

A는 직장 상사이고 X는 부하 직원이었습니다. A는 X가 다른 직원들과 관계를 힘들어하고 있어 상담을 하면서 친해지게 되었습니다. 그러던 중 A는 휴대전화 메신저로 대화하던 중 X에게 남녀의 성기가 노출된 성관계 동영상을 약 15일 동안 총 9개의 음란한 영상을 전송하였습니다.

통신매체이용음란죄가 성립하기 위해서는 피해자의 의사에 반하는 것을 당연한 전제로 하는 것입니다. 그렇기 때문에 통신매체를 통하여 성적 수치심이나 혐오감을 일으키는 영상 등을 상대방에게 도달하게 한 경우라 하더라도 그 상대방이 이에 관하여 양해한 경우에는 범죄가 성립하지 않습니다.

X는 A가 문제의 영상을 보낼 때마다 성적 수치심을 느꼈으나, 직장상사가 보낸 것이기 때문에 이를 소극적으로 수용하거나 마지못해 호응하였다고 주장했습니다. 그러나 A와 X의 메신저 대화를 확인해 보면, X는 A로부터 문제의 영상을 받은 후 적극적으로 호응하는 대화가 곳곳에서 확인되었습니다.

법원은 당시 X가 A에게 고민 상담을 하는 등 한창 친해지기도 한 점과 서로 주고받은 대화 내용 등을 전체적으로 살펴보아, X에게는 A가 자신에게 음란한 영상을 전송하는 것에 대한 양해가 존재하였을 가능성을 배제하기 어렵다고 판단하였습니다. 그러면서 설령 X가 양해한 정도에 미치지 않는다고 하더라도 적어도 A 입장에서는 그러한 양해가 존재하였다고 착오하였을 가능성이 충분하다는 것이었지요.

한편 착오에 의해 어떠한 죄를 저지르는 경우 과실범이 성립하는데, 과실범은 규정이 있는 때에만 처벌할 수 있습니다. 그러나 통신매체이용음란죄는 과실범 규정이 없기 때문에 과실범은 처벌하지 않고, 고의를 가지고 범행을 저지른 때에만 처벌할 수 있습니다. 결국 A에게는 무죄가 선고되었습니다.

이 사건은 통신매체이용음란죄가 적용된 사례로서 통신매체이용음란죄가 성립하지 않는다는 것이지, 음란물 배포와 같은 다른 죄는 성립할 수 있습니다. 이 사건은 X가 자신이 통신매체이용음란죄의 피해자라고 고소를 하였기 때문에 통신매체이용음란죄의 혐의로 수사를 받고 재판을 받은 것이어서 해당 혐의에 대해 무죄를 받은 것입니다. 그러므로 어떠한 행위가 무죄 판결을 받았다고 하여 아무런 죄가 성립하지 않는다고 착각해서는 안 됩니다.

★ 성적인 욕설 전송만으로 통신매체이용음란죄가 성립하는지 여부

우리나라의 욕 중에는 성적인 내용 혹은 음란한 내용이 적지 않지요. 따라서 이런 내용의 문자나 메시지를 보낸 경우 통신매체이용음란죄에 해당하는지 여부가 문제될 수 있습니다.

두 사람이 문자나 메신저로 대화를 하면서 욕을 했고, 그 욕 중에 성적인 내용이 들어가 있는 경우 피해자는 이를 통신매체이용음란죄로 고소합니다. 그 이유는 두 가지로 볼 수 있는데, 첫째는 고소인의 입장에서 성적 수치심을 느꼈을 경우 기왕이면 상대방을 성범죄의 혐의로 고소하길 원하는 경향이 있기 때문이고, 둘째는 두 사람이 나눈 대화이므로 명예훼손이나 모욕이 성립하지 않기 때문입니다.

우선 해당 내용에 성적인 내용이 들어 있기 때문에, 피해자 입장에서는 성적 수치심을 느꼈을 수 있습니다. 한편 성범죄라고 하면 일반적인 범죄보다 죄질이 안 좋아 보이며, 더 강력한 범죄로 인식되기 때문에 성범죄의 일종인 통신매체이용음란죄로 고소하는 것으로 보입니다.

또한 명예훼손이나 모욕의 경우 모두 '공연성'을 요구하고 있습니다. 명예훼손이나 모욕은 모두 외부적 명예를 보호법익으로 하고 있어, 다른 사람들에게 해당 내용이 전파될 수 있는 경우만을 처벌합니다. 따라서 단 둘이 대화를 나누고 있는 문자, 메신저, 채팅에서는 분명히 해당 내용이 모욕적이고 상대방의 명예를 훼손할 만한 것이라 하더라도 명예훼손이나 모욕이 성립하지 않습니다.

한편 위와 같은 행위는 정보통신망법위반(불법정보유통금지)에도 해당되지 않습니다. 「정보통신망법」은 "음란한 부호·문언·음향·화상 또는 영상을 배포·판매·임대하거나 공공연하게 전시하는 내용의 정보를 유통하여서는 아니 된다."라고 규정하고 있습니다. 이는 '불법정보 유통금지' 중 한 유형인데, 두 사람 간의 대화는 공연성이 결여되어 있어 불법정보유통금지에도 해당하지 않는 것입니다.

결국 이 경우 고소 가능성은 통신매체이용음란죄 하나밖에 없는 것이지요.

그러나 통신매체이용음란죄가 성립하기 위해서는 ① 피고소인이 성적 욕망을 유발하거나 만족시킬 목적으로 ② 성적 수치심이나 혐오감을 일으키는 문자를 피해자에게 전송하였어야 합니다.

'자기 또는 다른 사람의 성적 욕망을 유발하거나 만족시킬 목적'이 있는지는 피고인과 피해자의 관계, 행위의 동기와 경위, 행위의 수단과 방법, 행위의 내용과 태양, 상대방의 성격과 범위 등 여러 사정을 종합하여 사회통념에 비추어 합리적으로 판단하여야 한다. '성적 욕망'에는 성행위나 성관계를 직접적인 목적이나 전제로 하는 욕망뿐만 아니라, 상대방을 성적으로 비하하거나 조롱하는 등 상대방에게 성적 수치심을 줌으로써 자신의 심리적 만족을 얻고자 하는 욕망도 포함된다. 또한 이러한 '성적 욕망'이 상대방에 대한 분노감과 결합되어 있더라도 달리 볼 것은 아니다(대법원 2018도9775 판결 참조).

결국 두 사람의 관계, 왜 그런 문자나 메시지를 보내게 되었는지 전후사정, 그러한 연락을 받고 나서 피해자가 어떤 반응을 하였는지 등 여러 가지 사정을 종합하여 '성적 욕망을 유발하거나 만족시킬 목적'이 있었는지 여부를 판단하게 됩니다.

이러한 내용이 쟁점이었던 사건을 간단히 소개하자면 다음과 같습니다.

A는 클럽에서 우연히 X라는 여성을 만나 대화를 나누었습니다. A는 X에게 같이 나가서 술도 마시고 놀자고 제안하였는데, X는 알겠다며 자신의 연락처를 A에게 줬습니다. 그런데 X는 계속해서 A의 연락을 받지 않았고 결국 당일 두 사람은 만날 수가 없었습니다. 다음 날 새벽 A는 너무 화가 나 X의 휴대전화로 성적인 내용이 가득 담긴 욕설을 문자 메시지로 전송하였습니다. X는 아침에 해당 문자를 보고 어이가 없다며 A에게 비아냥거리는 내용의 문자를 보냈고, 그러자 A는 계속해서 X에게 성적인 내용의 문자를 보냈습니다. 결국 X는 A를 통신매체이용음란죄로 고소하였습니다.

A와 X는 클럽에서 처음 만난 사이로 아무런 친분이 없었습니다. A는 X가 자신과 시간을 보내 주지 않자, X가 자신을 무시한 것이라 생각하여 분노했습니다. 그래서 A는 X가 기분 나쁠 만한 내용으로 문자를 보낸 것이었습니다. 이러한 내막을 살펴보건대 A는 X에게 야한 문자를 보내 이러한 상황을 즐기려고 하였다고 하기보다는 X에게 불쾌감을 주며 화를 내려 했을 뿐이라는 것을 알 수 있습니다.

결국 A의 행동은 '자기 또는 다른 사람의 성적 욕망을 유발하거나 만족시킬 목적'이 인정되지 않아 **혐의없음** 처분으로 사건이 마무리되었습니다.

그러나 이와 같은 행위는 상식적으로 보아도 범죄가 성립하지 않는다고 하여 간단히 넘어갈 수 있는 사안은 아니지요. 분명히 상대를 괴롭히려는 의도를 가진 가해자가 있고 이러한 가해자의 행동으로 인해 상처받은 피해자가 있으니까요. 그래서 이 사건에서 검사는 형사조정을 통해 피해자에게 사과하고 상당한 합의금을 전달하며 합의를 하도록 하였고, 조정절차가 끝나고서야 비로소 혐의없음 처분을 내렸습니다.

한편 컴퓨터 온라인 게임에 접속하여 게임을 하던 중 피해자에게 피해자의 닉네임을 언급하면서 성적인 욕을 한 경우 벌금형을 선고받은 경우도 있습니다.

두 사건에서 각각 전송된 표현에 대해 일일이 적시하지 않았으나, 욕설에 담긴 성적인 수위는 크게 다르지 않았습니다. 그렇지만 피의자가 정말 화를 낼 만한 상황이었는지, 이러한 대화에서 피해자가 보인 반응, 대화가 이어진 정도, 그리고 수사단계에서부터 피의자가 단지 화를 내기 위한 욕설에 불과하며 성적 만족을 위해 보낸 메시지가 아님을 충분히 주장하지 못한 차이가 있었던 것으로 보입니다.

그러므로 사안에 따라 유무죄의 결과가 달라질 수 있기 때문에, 전문가의 도움을 받아 초기부터 대응하기를 권해 드리며, 혹시라도 성적인 욕을 하더라도 죄가 되지 않는다는 잘못된 상식을 가지거나 섣불리 이러한 행동을 해서는 안 될 것입니다.

공중밀집장소추행

여러 사람이 밀집하는 장소에서 사람을 추행하는 경우 일반 강제추행죄가 아니라 성폭력범죄의처벌등에관한특례법위반(공중밀집장소에서의추행) 성립 여부가 문제됩니다.

일반 강제추행은 10년 이하의 징역 또는 1,500만 원 이하의 벌금에 처하도록 하고 있으며, 공중밀집장소에서의 추행은 3년 이하의 징역 또는 3천만 원 이하의 벌금에 처하도록 하고 있습니다.

공중밀집장소에서의 추행은 주로 출퇴근 시간에 지하철 전동차 안에서 발생하는 경우가 많으나, 대중교통수단에서 일어나는 경우만을 의미하는 것은 아니며 대중이 밀집하는 장소에서 일어나는 경우 적용이 가능합니다.

성폭력범죄의 처벌 등에 관한 특례법
제11조(공중 밀집 장소에서의 추행) 대중교통수단, 공연·집회 장소,
그 밖에 공중(公衆)이 밀집하는 장소에서 사람을 추행한 사람은 3년
이하의 징역 또는 3천만 원 이하의 벌금에 처한다.

퇴근길 지하철 추행 / 무죄

A는 퇴근 시간 지하철 9호선 전동차 안에서 승객이 많은 틈을 이용하여 여성인 피해자 X의 뒤에 바짝 붙어 서서 휴대전화를 보는 척하면서 팔을 위 X의 어깨 부위에 갖다 대고 X의 허리 부위에 자신의 성기 등 하체 부위를 10분가량 밀착시켜 추행하였다는 혐의로 재판을 받았습니다.

A는 1심에서 벌금 300만 원의 형을 선고받았습니다. 그러자 A는 전동차 안에서 X와 신체 접촉이 있었던 것은 만원 열차 안에서 어쩔 수 없이 일어난 것이며 자신은 X를 추행하지 않았다는 취지로 항소를 하였습니다.

X는 A가 자신의 어깨에 손을 올리고 몸을 밀착시키는 느낌을 받았고, A의 행동으로 불편하고 당황스러웠으며 수치심이 들었다며, ◇◇역에서 많은 사람들이 하차하여 A와 자신 사이에 공간이 생겼는데도 A가 계속해서 밀착해 있었다고 진술하기도 하였습니다.

그러나 항소심 재판부는 "X는 전동차 안에서 혹은 전동차에서 내린 다음 자발적으로 추행 피해 사실에 대해 신고를 한 것이 아니라, 전동차에서 하차한 이후 X를 따라온 지하철 수사대 소속 경찰관으로부터 당신이 성범죄의 표적이 되었다는 설명을 듣고 난 후에 위와 같은 내용으로 피해 사실을 진술하였는바, X가 성추행 피해를 당하였다고 생각한 데는 위와 같은 경찰관의 설명이나 평가로부터 영향을 받았을 가능성을 배제할 수 없다."라고 보았습니다.

또한 "◇◇역에서 많은 사람들이 내린 후 곧바로 많은 사람들이 순식간에 탑승하는 바람에 전동차 안이 다시 붐비는 상황이 된 것을 단속 경찰관이 촬영한 동영상을 통해 확인할 수 있다. 사정이 이러 하다면 일부 손님이 하차하는 순간에 A가 자리를 옮기거나 자세를 바꾸지 않았다고 하여, A에게 추행의 의사가 있었다고 보기는 어렵다."라고 판단하였습니다.

한편 "A와 X 사이에 위치나 자세의 변화가 거의 없던 중, 전동차 바닥에 위치한 A의 신발 앞부분이 촬영된 부분이 있는데, 이에 비추어 보면 당시 A와 X 사이에는 때때로 일정 정도의 공간 간격이 있었던 것으로 보이고, A가 고의로 자신의 성기 등 하체 부분을 X의 허리 부위에 지속적으로 밀착하였다고 보기 어렵다."라고도 하였습니다.

이와 같은 사정으로 항소심 재판부는 A에게 추행의 고의가 있었다고 보기 어렵다며 무죄를 선고하였습니다.

공중밀집장소에서의추행죄는 지하철에서 단속경찰관이 촬영한 영상이 유죄의 증거로 제출되는 경우가 많습니다. 따라서 해당 영상을 꼼꼼하게 분석하는 것이 필요하며, 이를 통해 피고인의 무죄를 밝히는 증거로 적극 활용될 수 있습니다.

지하철 전동차 / 무죄

A는 지하철 2호선 ○○역에서 열차를 기다리다가 전동차에 탑승하는 X를 발견하고 X를 따라 전동차에 탑승하였고, 이후 X가 △△역에서 하차하기 위해 A의 왼쪽 옆으로 이동하자, A가 왼쪽 손가락으로 X의 오른쪽 허벅지 부위와 음부 부위를 스치듯이 만졌다는 혐의를 받게 되었습니다.

A는 당시 지하철 하차 및 동일 지하철에 재승차를 반복하기도 하였는데, 이러한 행위는 A가 범행 대상을 물색하였다는 의심을 사기에 충분한 것이었습니다. 지하철 단속 경찰관들은 지하철 승하차를 반복하고, 승강장을 배회하거나, 특정 여성을 향해 다가가 지하철을 탑승하고 몸을 밀착하는 사람을 지하철 추행의 용의자로 보고 가까이에서 그가 행동하는 것을 동영상으로 촬영하는 등 증거를 채집하곤 합니다. A 역시 이러한 과정에서 체포되어 조사를 받았습니다.

당시 X는 단화를 신고 있었고 A는 몸을 숙이거나 하는 행동을 전혀 하지 않았습니다. A의 키가 180㎝가 넘고 X의 키가 150㎝ 좀 넘는데, 신장의 차이에 비추어 보았을 때 A가 X가 입은 피해 사실과 같이 X의 몸을 만지기는 현실적으로 불가능한 상황이었습니다. 또한 X보다 앞에 서 있던 A가 X가 내릴 것을 예상하고 X의 움직임에 맞추어 왼손으로 X가 주장하는 신체부위를 만져 추행하였다는 것은 쉽게 납득하기 어려운 점도 있었습니다.

한편 이 사건 당시 A가 지하철을 하차하고 또 동일 지하철을 재승차함을 반복하였다는 것은 사실이나, 이러한 사정만으로 A가 범행 대상을 물색하였고, 이 사건 X를 범행 대상으로 정하였다고 단정하기 어려운 사정도 있었습니다.

결국 법원은 위와 같은 사정들을 종합하여 A에게 **무죄**를 선고하였습니다.

지하철 승강장 / 집행유예

A는 지하철 2호선 승강장에서 비틀거리며 걷는 자신을 돕기 위해 다가온 피해자 X의 왼팔을 갑자기 잡아당겨 자신의 성기와 엉덩이를 만지게 하였습니다.

법원은 자신을 도우려고 한 피해자를 대상으로 범행을 한 것이고, 자신의 신체를 슬며시 피해자에게 접촉하는 방식의 추행이 아니라 상대방의 손을 갑자기 끌어당겨 만지게 하였기 때문에 죄질이 매우 좋지 않다고 판단하였습니다. 더욱이 피해자와 합의를 하지 못했기 때문에 중형을 선고할 수밖에 없는 상황이었습니다.

그러나 A가 시각장애와 정신지체 등으로 인하여 판단능력이 다소 미흡한 상태에서 범행을 한 것이었으며 A에게는 아무런 전과가 없었습니다. 또한 A의 부모와 지인들이 위 사건을 알게 된 이후 A가 다시는 잘못을 하지 못하도록 노력할 것을 다짐하며 탄원서를 제출하기도 하였습니다.

결국 법원은 이러한 사정을 모두 참작하여 A에게 징역형의 집행유예를 선고하였습니다.

정액과 유사한 액체 / 집행유예

> A는 지하철 승강장에서 피해자 X의 뒤쪽으로 다가가 손으로 정액과 비슷한 형태의 하얀색 액체를 X의 엉덩이에 뿌렸다는 혐의를 받게 되었습니다.

A는 당시 사탕을 먹고 있었는데, 당시 침이 나오기에 이를 닦으면서 침이 튄 것일 뿐이며 X의 엉덩이로 일부러 액체를 뿌렸다거나 추행을 한 사실이 없다고 주장하였습니다. 또한 설령 자신이 그러한 행동을 하였다 하더라도 자신이 피해자를 만지거나 접촉한 것이 아니기 때문에 이는 추행으로 볼 수 없다는 주장도 하였지요.

그러나 지하철 승강장 CCTV를 보면 A가 X에게 다가가 엉덩이 쪽으로 손을 뻗으면서 고의로 어떠한 액체를 뿌린 장면을 확인할 수 있었습니다. 또한 피해자는 이 사건 액체가 묻은 자신의 옷을 경찰서에 제출하였는데, X의 옷에 묻은 끈적끈적한 하얀색 액체는 색과 점성이 정액과 유사하였습니다.

이에 법원은 "성적으로 민감한 부위인 엉덩이에 타인의 침이나 정액과 유사한 액체를 뿌리는 행위는 일반인의 입장에서 성적 수치심이나 혐오감을 일으키기에 충분하다."라고 보며 이 사건에 대해서 강제추행이 성립한다고 보았습니다.

일반적으로 추행이 성립하려면 손이나 몸이 닿아야만 한다고 생각하기 쉬운데, 상대에게 침을 뱉거나 닿지 않는 거리에서 주먹을 마구 휘두르는 경우에도 폭행이 인정되기도 합니다. 따라서 이러한 법리로 비추어 보았을 때 피해자의 신체에 액체를 뿌리는 행위 역시 추행이라고 본 법원의 판단은 납득이 갑니다.

이 사건에서 A는 유사한 내용의 성범죄 전과가 2건이나 있었던 매우 불리한 사정이 있었습니다. 그럼에도 불구하고 이 사건 추행의 정도가 크게 중하지 않고, A가 고령이라는 점이 반영되어 A는 징역형의 집행유예를 선고받았습니다.

찜질방 추행 / 벌금형

> A는 찜질방에서 옆자리에서 잠을 자고 있던 피해자 X의 등 뒤에 밀착하여 X
> 를 뒤에서 껴안았다는 혐의로 재판을 받았습니다.

찜질방에서 추행사건은 적지 않게 일어납니다. 아무래도 남녀 모
두가 간단한 차림으로 한곳에 누워 있거나 자는 경우가 많아서 그런
것이겠지요.

이 사건에서 A는 찜질방에서 X의 오른쪽에 누워서 잠을 자던 중 추
위를 느껴 잠결에 자신의 등을 X의 등에 붙였을 뿐이라며 추행을 한
사실이 없다고 억울함을 호소하였습니다. 한편 A가 X의 왼쪽 머리맡
에 손목시계를 벗어 놓고 잠을 자고 있었는데, 손목시계를 가져오는
과정에서 손을 뻗어 더듬거리던 행동 때문에 X가 오해를 했을 수도
있었겠다는 주장도 하였습니다.

X는 현장에서 바로 112 신고를 하였고 경찰서에 출석하여 추행에
관하여 목격하고 경험한 사실에 대해 구체적으로 진술을 하였습니
다. 이때 X는 피해를 당할 당시에 대해 '찜질방에서 자다가 일어났는
데 등에 누가 붙은 것처럼 밀착하고 있었다. 놀라서 A에게 이게 뭐하
는 짓이냐며 소리를 지르며 항의하였는데, A가 사과를 하기는커녕

자신에게 다시 잠이나 자라는 취지로 말을 해서 신고하게 되었다.'라고 이야기하였습니다.

이에 법원은 추행에 관한 진술이 일관되고 경험하지 않은 내용을 진술하였다고 보기 어려울 정도로 구체적이라고 하면서, A가 자신의 손목시계를 찾기 위해 X쪽으로 더듬거렸다는 주장 역시 머리맡에 시계를 찾으려면 손을 위쪽으로 뻗었어야 하고, X쪽으로 뻗었다는 것은 변명에 불과하다고 보았습니다.

결국 법원은 A에 대해 유죄가 인정된다고 하면서, 피해자와 합의를 하지 못한 점 등을 고려하여 **벌금형**을 선고하였습니다.

찜질방은 방 내부에 CCTV가 없어서 유무죄를 따지기 위해서는 서로의 진술에 의존할 수밖에 없습니다. 그렇기 때문에 피해자가 현장에서 바로 불쾌감을 표하며 즉시 경찰에 신고하고, 피해 사실에 대해 일관적이고 구체적으로 진술하는 경우이면 대체로 유죄가 인정됩니다.

그러다 보니 피의자로서는 대응을 하기가 쉽지 않은데, 피해자는 주로 잠결에 이러한 피해를 당하기 때문에 진술이 조금씩 달라지거나 불명확한 부분이 있다고 하더라도, 법원은 이를 이유로 쉽게 무죄로 판단하지 않습니다. 실제로 피의자가 어떻게 만졌다는 것인지 범죄 행위에 대해서도 피해자의 진술이 엇갈린 사건이 있었는데 "주요 사실에 대해서는 일관성이 있다."라는 이유로 벌금형이 선고된 사례가 있습니다.

한편 이러한 경우 피해자가 피의자를 무고할 만한 특별한 이유가 있는지를 추가로 살펴보기도 합니다. 찜질방이나 지하철과 같은 곳에서 만난 사람은 초면인 경우가 대부분이기 때문에 불편한 일로 싸웠다거나 하는 등 특별한 에피소드가 없다면 피해자가 피의자에게 거짓말로 고소를 할 이유가 없다고 판단하게 됩니다.

　법원은 성범죄 사건의 판결을 선고하면서 아동·청소년 관련 기관 등을 운영하거나, 취업할 수 없도록 하는 명령을 할 수 있습니다. 이는 성범죄자가 일정 기간 운영 혹은 취업을 할 수 없도록 규정한 것으로, 유치원, 학교, 학원은 물론이고 공동주택의 관리사무소, 경비, 체육시설 등 아동·청소년과 접촉이 가능한 영역에서 근무하는 것을 차단하여 아동·청소년을 성범죄로부터 보호하고 사회적 안전망을 확보하기 위한 조치입니다(아청법 제56조 참조).

> A는 2019년 여름경 A는 버스에서 내려 직장으로 걸어가고 있었는데, 짧은 스커트를 입고 걸어가는 여성 X를 보고 치마 속을 찍고 싶다는 충동이 들었습니다. A는 자신의 휴대전화로 치마 속을 촬영하기 위해 걸어가는 X의 치마 밑으로 손을 뻗으며 뒤따라 걸었습니다. 그러자 지나가던 차량의 운전자가 소리를 지르며 A의 행동을 저지했고, 이에 A는 범행을 멈추었습니다.

　A는 약식명령으로 벌금 500만 원과 함께 40시간 성폭력 치료프로그램 이수, 그리고 "아동·청소년 관련기관 등에 1년간 취업제한을 명한다."라는 취업제한명령을 받았습니다.

A는 자신의 잘못을 인정하고 있었기 때문에 벌금형을 선고받은 것에 대해서는 인정하고 겸허히 받아들였습니다. 다만 A의 직업은 헬스 트레이너였기 때문에 취업제한명령이 내려지면 A는 직장을 잃게 되기 때문에 취업제한명령 부분은 A에게는 벌금형을 선고받은 것 이상으로 가혹한 처분이었습니다.

성범죄자의 취업이 제한되는 시설·기관 또는 사업장에는 아동·청소년이 이용할 수 있는 체육시설이 포함되는데, 여기에는 골프장(실내연습장, 스크린골프장 모두 포함), 수영장은 물론 A가 근무하는 헬스장(체력단련장) 역시 이에 해당합니다.

A는 어릴 적 홀로되신 어머니와 둘이 살면서 집의 가장 역할을 하며 경제적으로 열악한 삶을 살았습니다. 그럼에도 A는 어릴 적부터 운동을 좋아하여 열심히 운동하였고 그 결과 헬스장에서 전문 트레이너로 일을 할 수 있었습니다. 그런데 한순간에 직장을 잃게 된다고 생각하니 A는 눈앞이 캄캄해질 수밖에 없었지요.

수사기관에서 A는 X와 합의를 하지 못하였습니다. 이에 A는 변호인을 선임하여 정식재판을 청구하기로 하였습니다. 정식재판을 청구하여 피해자와 합의를 하면 선고유예도 노려볼 수 있는 상황이었기 때문입니다. A는 합의에 최선을 다하였고, 그 결과 피해자와 원만히 합의할 수 있었습니다. A는 아무런 전과가 없는 초범이었고, 처음부터 자신의 잘못을 인정하며 반성하였고, 스스로 성폭력예방교육을 이수하는 등 법원의 선처를 바라며 할 수 있는 모든 노력을 다하였습니다.

이 사건에서 A는 비록 선고유예를 받지는 못하였습니다. 그러나 A의 열악한 사정을 설명하자 법원은 "피고인의 연령, 직업, 재범위험성, 이 사건 범행의 종류, 동기, 과정, 결과 및 죄의 경중, 공개명령 또는 고지명령으로 인하여 피고인이 입는 불이익의 정도와 그로 인해 달성할 수 있는 등록대상 성폭력범죄의 예방효과, 피해자 보호 효과 등을 종합적으로 고려하여, 피고인에 대하여 취업제한명령을 선고하지 아니한다."라며 취업제한명령을 면제해 주었습니다.

업무상 위력에 의한 추행

　일반적으로 강제추행은 피해자의 항거를 곤란하게 할 정도의 폭행 또는 협박으로 추행을 하였거나, 피해자가 항거할 수 없을 정도로 기습적으로 유형력을 행사하여 추행하였을 것을 요구합니다.

　그러나 업무상위력등에의한추행은 가해자와 피해자가 고용 등으로 보호·관리를 받는 관계의 특성상 피해자의 항거를 곤란하게 할 정도의 폭행이나 협박이 존재하지 않거나, 기습적으로 행해지지 않는 경우가 많습니다. 그리고 단발성으로 그치지 않고 지속적으로 이러한 관계가 유지되는 경우가 적지 않습니다.

　그렇기 때문에 가해자와 피해자 사이에 보호·관리를 받는 관계가 인정되는 경우, 일반 강제추행으로 고소를 하면 강제추행에서 요구하는 폭행 협박 등이 인정되지 않아 혐의없음 처분이나 무죄 선고를 받는 경우가 많습니다. 따라서 가해자와 피해자가 성직자와 신도, 직장 상사와 부하직원, 의사와 환자, 스승과 제자와 같은 관계에 있는 경우라면 업무상위력등에의한추행이 성립하는지 여부를 따져 보아야 할 것입니다.

성폭력처벌법

제10조(업무상 위력 등에 의한 추행) ① 업무, 고용이나 그 밖의 관계로 인하여 자기의 보호, 감독을 받는 사람에 대하여 위계 또는 위력으로 추행한 사람은 3년 이하의 징역 또는 1,500만 원 이하의 벌금에 처한다.

② 법률에 따라 구금된 사람을 감호하는 사람이 그 사람을 추행한 때에는 5년 이하의 징역 또는 2천만 원 이하의 벌금에 처한다.

교회 목사 안수기도 / 징역형

A는 ○○교회 목사이고, 피해자 X와는 교회 신자로 만났습니다. A는 교회 주차장에 주차된 차 안에서 몸이 좋지 않다고 말하는 X에게 "병에 걸렸는지 내가 만져 보면 알 수 있다."라며, "안수기도를 해 주겠다."라고 말하고 X의 상의 속으로 손을 넣어 X의 배를 만지던 중, 갑자기 X의 브래지어를 올리고 손으로 가슴을 쓰다듬고, X의 팬티 속으로 손을 넣어 음부를 만지기도 하였습니다.

성폭력처벌법위반(업무상위력등에의한추행)죄는 업무·고용 그 밖의 관계로 자기의 보호, 감독을 받는 사람에 대하여 위계 또는 위력으로 추행하는 경우에 성립하는데, '그 밖의 관계로 인하여 자기의 보호, 감독을 받는 사람'에는 사실상의 보호 또는 감독을 받는 상황에 있는 경우도 포함된다. 한편 위계에의한추행죄에서 '위계'라 함은 행위자가 추행의 의사를 가지고 상대방에게 오인, 착각, 부지를 일으킨 다음 상대방의 그러한 심적 상태를 이용하여 추행의 목적을 달성하는 것을 말하는 것이고, 여기에서 오인, 착각, 부지란 치료행위나 종교의식을 빙자하여 추행을 하는 경우처럼 추행 행위 자체에 대한 오인, 착각, 부지가 있는 것을 말하는 것이다(대법원 2012도9119 판결 등 참조).

한편 '추행'이란 객관적으로 일반인에게 성적 수치심이나 혐오감을 일으키게 하고 선량한 성적 도덕관념에 반하는 행위로서 피해자의 성적 자유를 침해하는 것이고, 이에 해당하는지는 피해자의 의사, 성별, 연령, 행위자와 피해자의 이전부터의 관계, 행위에 이르게 된 경위, 구체적 행위태양, 주위의 객관적 상황과 그 시대의 성적 도덕관념 등을 종합적으로 고려하여 신중히 결정되어야 한다. 그리고 강제추행죄의 성립에 필요한 주관적 구성요건으로 성욕을 자극·흥분·만족시키려는 주관적 동기나 목적이 있어야 하는 것은 아니고, 상대방에게 성적 수치심이나 혐오감을 야기할 만한 행위를 한다는 인식을 갖고 있는 것으로 충분하다(대법원 2013도5856 판결 참조).

이 사건에서 법원은 일반적으로 신도가 목사로부터 보호·감독을 받는 관계에 있다고 할 수는 없지만, 이 사건 피해자가 안수능력이 있다고 믿고 있던 피고인으로부터 진단 내지 치료 목적으로 안수기도를 받는 상황이었기 때문에 피해자는 의사로부터 진단 내지 치료를 받는 환자와 마찬가지로 피고인의 사실상의 보호를 받는 상황에 있었다고 판단하였습니다.

한편 A는 수사단계에서 '안수기도를 하다 보면 가슴도 만지게 되고 음부도 만지게 되는 것뿐이다.'라는 취지로 진술하며 추행하려는 의도로 만진 것이 전혀 아니었다고 주장하였습니다.

그러나 법원은 "A가 성욕을 자극·흥분·만족시키려는 주관적 동기나 목적 없이 병의 진단 내지 치료를 한다는 의도였다고 하더라도, 여성인 피해자의 가슴을 쓰다듬거나 음부를 만지는 등의 행위는 일반적이고도 평균적인 사람으로 하여금 성적 수치심이나 혐오감을 일으키게 하고 선량한 성적 도덕관념에 반하는 행위에 해당하고, 추행의 행태와 당시의 정황 등에 비추어 볼 때 피고인의 범의도 인정할 수 있다."라며 A의 주장을 받아들이지 않았습니다.

그러면서 법원은 A에게 동종 전과가 없기는 하나, 목사라는 지위와 피해자 X의 신뢰를 이용하여 추행을 한 것이어서 죄질이 나쁘다는 이유로 A에게 **징역형**을 선고하였습니다.

경찰관 선후임 / 집행유예

A는 경찰서 ○○팀 팀장이었고, 피해자는 A의 관리·감독하에 있는 같은 팀의 여성 경찰관이던 피해자 X를 순찰차 안에서 왼손 검지로 허벅지를 접촉하는 등 방법으로 3회 추행하였습니다.

A는 X의 직속상관이기는 하였으나 나이가 18살이나 차이가 났고, 평소 개인적인 친분이 있지는 않았습니다. 그리고 X는 A가 위와 같은 행동을 할 때면 그 도중이나 직후에 거부의사를 드러내기도 하였는데 A는 이에 아랑곳하지 않고 X에 대한 신체적 접촉을 계속했습니다. 이러한 A의 행동에 X는 동료 경찰관들에게 피해사실을 토로하며 괴로워하는 모습을 보이곤 했습니다.

법원은 "신체 접촉 부위, 당시 A가 외부와 차단된 승합차 안이나 다른 직원이 보지 않는 사이 사무실에서 행위를 한 점을 종합해 보면, 피해자의 성적 자유를 현저히 침해한 것"이라 평가하였습니다. A는 경찰공무원으로서 누구보다도 법질서 확립에 노력하여야 할 지위에 있어 그 비난 가능성이 클 수밖에 없었습니다.

한편 이 일로 X는 심각한 정신적 상처와 성적 수치심을 느껴 합의하지 않고, A에 대한 엄벌을 요구하는 탄원서를 수차례 법원에 제출하기도 하였습니다.

결국 법원은 A가 범행을 자백하면서 반성하는 점, A에게 전과가 전혀 없는 점, A의 동료 경찰관들이 A의 선처를 탄원하는 점 등을 두루 살핀 후 "A가 약 30년 동안 경찰공무원으로 근무해 왔고 이 사건에서 징역형의 집행유예가 그대로 확정될 경우 그 직을 잃게 되며 연금액도 상당 부분 감액되는 사정을 거듭 고려하더라도, 중한 처분이 불가피하다."라고 밝히며, 징역형의 **집행유예**를 선고하였습니다.

극단 소속 단원 / 무죄

A는 ○○극단에서 예술감독 등 업무를 하는 사람이었고, X는 소속 극단의 단원이었습니다. A는 X에게 안마를 시키면서 자신의 성기 주변을 주무르게 하거나 X의 손을 잡아당겨 자신의 성기를 만지게 하였습니다.

A는 X가 진술한 시기와 장소에 그와 같은 행위를 한 사실에 대해 인정하고 있었고, X는 당시 A의 폭행이나 협박은 없었다고 진술하고 있었습니다. 따라서 A에게 범죄가 성립하는지 여부를 파악하기 위해서는 당시에 X가 업무·고용 기타 관계로 인하여 A의 보호 또는 감독을 받는 사람에 해당하였고, 그 위력을 이용하여 추행이 이루어진 것인지를 살펴야 할 필요가 있었습니다.

성폭력처벌법위반(업무상위력등에의한추행)죄는 업무·고용 기타 관계로 인하여 자기의 보호 또는 감독을 받는 사람에 대하여 위계 또는 위력으로써 추행하는 경우에 성립하게 되는데, 이때 '업무·고용 기타 관계로 인하여 자기의 보호 또는 감독을 받는 사람'이라 함은 직장의 내규 등에 의한 직제상 보호 또는 감독을 받는 관계에 있는 사람 뿐만 아니라 직장 내에서 실질적으로 업무나 고용관계 등에 영향력을 미칠 수 있는 사람의 경우도 포함하며, '위력'이라 함은 피해자의 자유의사를 제압하기에 충분한 세력으로, 유형적이든 무형적이든 묻지 않으므로 폭행·협박뿐 아니라 사회적·경제적·정치적인 지위나 권세를 이용하는 것도 가능하고, 이로 인하여 현실적으로 피해자의 자유의사가 제압될 것까지 요하는 것은 아니다(대법원 2009도6800 판결 등 참조).

X는 A가 자신이 하는 공연의 예술감독으로 당시 자신은 A의 보호·감독을 받는 상태에 있었다고 주장하였습니다. 그러나 당시 X가 다른 직업을 가지고 있었으며, 직장을 다니면서 주말에만 연습에 도움을 주는 상황이었습니다. 그렇기 때문에 당시 X는 극단에서 받는 소득이 전혀 없었고 직장에서만 월급을 받고 있었습니다. X가 소속 극단으로부터 급여를 받는지 여부에 따라 고용관계를 판단할 것은 아니라 하더라도, X가 별도의 직업을 가지고 있으면서 극단의 편의를 위하여 도와주고 있었다고 볼 여지가 더 많은 상황이었습니다.

이러한 사정을 종합적으로 보아, 법원은 X가 A로부터 보호·감독을 받는 관계에 있었다고 보기는 어렵다고 판단하며, A의 당시 행동이 적절하지 않았고, X가 별다른 저항 없이 이에 응한 데는 A와 X 사이에 형성된 인적관계 등이 영향을 끼쳤다고 할지라도, 사건 당시 A

가 X에 대하여 업무상 위력을 행사하여 추행하였다고 평가하기는 어렵다고 보았습니다. 결국 A에게는 무죄가 선고되었습니다.

대학 사제지간 / 집행유예

A는 ○○대학 조교수였고, 피해자들은 재학생과 조교들이었습니다. A는 피해자 X가 수업 내용에 대해 질문을 하기 위해 교수실을 찾아오자 수업자료를 건네주면서 손으로 X의 손등을 잡고 손목 부위까지 훑으면서 만졌습니다. 또한 취업 고민 상담을 하기 위해 교수실을 찾아온 Y가 대화를 마치고 교수실 밖으로 나가려 하자 Y의 뒤에서 양손으로 어깨 부위를 끌어안았습니다. 이런 식으로 A가 피해자들을 추행한 것은 총 30여 회에 달하였습니다.

이 사건에서 A는 자신이 피해자들의 학업성적 등을 평가하여 취업에 영향을 미칠 수 있는 우월한 지위에 있고 피해자들이 조교수인 A의 행동 및 요구를 쉽게 거절할 수 없는 지위에 있음을 이용하여 피해자들을 추행한 것으로, 사제관계로 인하여 자기의 감독을 받는 피해자들에 대한 추행으로 인정되었습니다.

A는 전과가 전혀 없었으나, 위와 같은 행위를 한 부분에 대해서는 잘못을 인정하고 반성을 하는 모습을 보였습니다. 한편 A는 이 사건으로 ○○대학에서 파면되기도 하였는데, A는 이러한 사정을 법원에 설명하며 같은 실수를 다시는 반복할 일이 없을 것이라는 취지의 진술을 하기도 하였습니다.

법원은 A가 교수로서의 지위와 권력을 이용하여 학생들인 다수의 피해자들을 30여 차례에 걸쳐 추행한 것으로, 범행 횟수가 매우 많고, 추행의 정도가 그리 가볍지 않다고 보아 징역형의 **집행유예**를 선고하였습니다.

수영 코치 / 무죄

A는 수영 코치이고 X는 A의 학생이자 선수 지망자였습니다. A는 학교 수영장 풀에서 X가 수업을 받던 도중 추위에 떨고 있어 X에게 다가가 왼손을 X의 뒤쪽으로 오른손을 X의 앞쪽으로 향하고 상체를 X의 옆구리에 밀착시키면서 양손으로 X의 어깨 주위를 안은 채 1분 넘게 계속해서 안고 있었습니다.

A는 자신의 혐의에 대해 자신의 제자인 X가 당시 추위에 떨고 있어 저체온증이 염려되어 X를 안정시키기 위해 어깨 주위를 잡아 준 것일 뿐 추행의 고의가 없었다며 자신의 혐의를 부인하였습니다.

CCTV 영상에 따르면 X가 추행이 이루어졌다고 주장하는 시점에는 A와 X를 비롯하여 수업에 참여하는 일행들이 모두 수영장 주위에 모여 있어 서로의 행동에 대해 충분히 인지할 수 있었습니다. 따라서 당시 A가 추행할 의도를 가지고 X를 안았다고 하는 것은 통상적이지 없는 상황이었습니다.

당시 X가 추위에 떨고 있었다는 점은 A와 X의 진술이 일치하고 있었고, A는 X가 물 밖으로 나오자 보온을 위해 점퍼를 건네주기도 하였습니다. 또한 X는 이 사건 다음 날 A에게 문자메시지를 보내 "어제 너무 감사했습니다."라고 하면서 개인적인 고민을 상담하는 내용의 문자를 보내며 A와 진솔한 대화를 이어가기도 하였습니다.

결국 법원은 A가 업무 등으로 보호·감독을 받는 X를 추행하였다고 볼 수는 없다며 무죄를 선고하였습니다.

치과 원장 / 집행유예

A는 ○○치과 원장이고, 피해자들은 ○○치과에 고용된 직원들이었습니다.
A는 병원 출입구 앞에 서 있다가 피해자 X가 퇴근하기 위해 나오자 양팔을 벌
리고 서서 포옹할 것을 요구하였는데, X가 당황하며 머뭇거리자 굳은 표정을
지어 보여 곤란하게 한 뒤 자신의 양팔에 안기도록 하는 등 추행을 하였습니다.
또한 A는 자신의 진료를 보조하는 Y의 치마 속에 강제로 손을 집어넣어 Y의
허벅지를 만지는 등 총 10여 차례 추행하기도 하였습니다.

A는 피해자들과의 스킨십은 업무를 지시하는 과정에서 필요한 행
위였거나, 직원들이 자신을 어렵게 생각하지 않도록 하여 편하게 지
내고 싶은 마음에 했던 행동이었기 때문에 추행이 아니라고 주장하
였습니다.

이와 같은 사안에서 변호인은 무죄를 주장하기가 참 어렵습니다.
왜냐하면 피해자가 한 명인 경우라면 해당 직원과의 불화 등 무고를
할 만한 사정을 찾아 반박을 할 수도 있으나, 피해자가 여럿인 경우이
고 피해를 주장하는 횟수가 적지 않은 경우에는 객관적으로 피해자
의 주장이 허위라는 사실을 밝히지 않는 한 무죄 주장은 받아들여지
기 어렵기 때문입니다.

위 사건에서 A는 치과의사로서 고용관계에 있는 피해자들을 상대

로 환자들을 진료하는 도중에 여러 차례에 걸쳐 추행하였다는 점에서 죄질이 매우 좋지 않았습니다. 수사단계에서 A는 자신의 범행을 부인했으나 기소된 이후 모든 범행을 인정하고 진지하게 반성하였고, 이후 피해자들과 모두 원만히 합의를 할 수도 있었습니다.

결국 법원은 A에게 징역형의 **집행유예**를 선고하였습니다.

　피해자의 진술이 증거로서 의미를 가지는지 여부는 피해자의 진술에 신빙성이 있는지 여부와 직결되어 있습니다. 따라서 피해자의 진술과 객관적으로 배치되는 사정이 입증된다면 피해자의 진술은 신빙성이 없어 증거로써 의미를 상실하게 되는 것이지요.

　대법원은 공소사실을 뒷받침하는 피해자 등의 진술의 신빙성 유무를 판단할 때에, 진술 내용 자체의 합리성·논리성·모순 또는 경험칙 부합 여부나 물증 또는 제삼자의 진술과의 부합 여부 등은 물론, 법관의 면전에서 선서한 후 공개된 법정에서 진술에 임하고 있는 증인의 모습이나 태도, 진술의 뉘앙스 등 증인신문조서에는 기록하기 어려운 여러 사정을 직접 관찰함으로써 얻게 된 심증까지 모두 고려하여 신빙성 유무를 평가하게 되고, 피해자를 비롯한 증인들의 진술이 대체로 일관되고 공소사실에 부합하는 경우 객관적으로 보아 도저히 신빙성이 없다고 볼 만한 별도의 신빙성 있는 자료가 없는 한 이를 함부로 배척하여서는 안 된다고 판시하고 있습니다.[7]

　또한 피해자 등의 진술은 그 진술 내용의 주요한 부분이 일관되며,

7　대법원 2015도7423 판결 등 참조.

경험칙에 비추어 비합리적이거나 진술 자체로 모순되는 부분이 없고, 또한 허위로 피고인에게 불리한 진술을 할 만한 동기나 이유가 분명하게 드러나지 않는 이상, 표현상의 차이로 인하여 사소한 부분에 일관성이 없는 것처럼 보이는 부분이 있거나 최초의 단정적인 진술이 다소 불명확한 진술로 바뀌었다고 하여 그 진술의 신빙성을 특별한 이유 없이 함부로 배척해서는 안 된다 지적하고 있습니다.[8]

따라서 주요 사실에 대해 일관성 있는 진술이라면 신빙성이 인정되는 경우가 많은 것이지요.

성범죄의 경우 공소사실을 인정할 증거로 사실상 피해자의 진술이 유일한 경우가 적지 않은데, 이러한 경우 피고인의 진술이 경험칙상 합리성이 없고 그 자체로 모순되어 믿을 수 없다고 하여 그것이 공소사실을 인정하는 직접증거가 되는 것은 아니지만, 이러한 사정은 법관의 자유판단에 따라 피해자 진술의 신빙성을 뒷받침하거나 직접증거인 피해자 진술과 결합하여 공소사실을 뒷받침하는 간접정황이 될 수 있습니다.

한편 최근 성범죄 사건에서 가장 많이 거론되는 '성인지 감수성'은 양성평등기본법에서 규정하고 있는 것인데, 성폭행이나 성희롱 피해

---

8   대법원 2006도5407 판결 등 참조.

자가 피해사실을 알리고 문제를 삼는 과정에서 오히려 피해자가 부정적인 여론이나 불이익한 처우 및 신분 노출의 피해 등을 입기도 하는 점 등에 비추어 보면, 성폭행 피해자의 대처 양상은 피해자의 성정이나 가해자와의 관계 및 구체적인 상황에 따라 다르게 나타날 수밖에 없다는 점을 법원이 인정하여야 한다는 것입니다. 따라서 개별적, 구체적인 사건에서 성폭행 등의 피해자가 처하여 있는 특별한 사정을 충분히 고려하지 않은 채 피해자 진술의 증명력을 가볍게 배척하여서는 안 된다는 것이 법원의 확고한 입장입니다.[9]

9   대법원 2018도7709 판결 참조.

헤어진 연인 간 성범죄

헤어진 연인 간에는 정말 다양한 성범죄가 발생할 수 있습니다. 연애하던 당시에 성관계를 하였던 것 중 일부를 강간죄로 고소하기도 하고, 다투는 과정에서 험한 말을 한 것을 두고 통신매체이용음란죄 등으로 고소를 할 수도 있습니다. 참고로 상당 기간 연인 관계를 이어 온 사이에서 성관계가 1-2-3-4 순서로 있었던 경우 1, 3, 4 행위가 강간이 아니라고 하더라도 2는 강간일 수도 있습니다. 따라서 이러한 경우에는 문제가 되는 행위에 대해 개별적으로 판단하여야 합니다.

한편 서로의 신체 사진을 찍거나 공유하기도 하고, 몰래 혹은 동의하에 성관계 영상을 촬영하기도 합니다. 당시에는 재미난 놀이라고 생각했다고 하더라도 관계가 나빠지거나 헤어지게 되면 문제가 생기지요. 당시 찍어 놓은 사진을 유포할 것이라고 협박을 하기도 하고, 그러한 영상을 실제로 공유하거나 유포하는 경우 별도의 죄가 성립하기도 하지요.

저는 학부모들을 만나거나 학생들을 만나서 조언할 일이 있는 경우 장난으로라도 성관계를 하며 사진이나 동영상 촬영을 해서는 안 된다는 말을 합니다. 우리 아이는 그럴 리 없을 것이라 생각하지 말고 반드시 문제되는 행동을 하지 않도록 교육을 시켜야 한다는 취지이지요. 젊은 사람들은 워낙 휴대전화로 사진 찍기를 좋아하다 보니 시도 때도 없이 촬영하게 되고, 그러다 보면 큰 의미 없이 성관계를 하면서 혹은 옷을 벗은 상태로 기록을 남기기도 하니까요. 그러고 나면 수년의 시간이 흐른 후에도 그때 사진이 클라우드에 남아 있을지도 모른다거나 누군가에게 전달되었을 수도 있다며 불안해하고 고소를 하게 됩니다. 결국 피해를 걱정하는 측과 갑자기 가해자가 되어버린 측 모두에게 불행인 결과를 낳게 됩니다.

강간 / 혐의없음

A와 X는 2018년 초부터 약 1년여 교제하였습니다. A는 X와 교제할 당시인 2018년 말경 X의 원룸에서 함께 술을 마시고 잠을 자려고 하던 중, X가 성관계를 하지 않겠다고 거부하였음에도 불구하고 X의 옷을 강제로 벗기고 강간을 하였다는 혐의를 받게 되었습니다.

사건 당시 A와 X는 만났다 헤어졌다를 반복하는 사이였습니다. 두 사람은 교제를 하는 동안 일주일에 1~2회 성관계를 가졌고, 사건 이후에도 합의하에 성관계를 지속적으로 가지기도 하였습니다. A는 이러한 상황을 설명하며 'X가 왜 이제 와서 강간으로 자신을 고소했는지 이해되지 않는다.'라며 억울함을 호소하였습니다.

이러한 사건의 경우 통상적으로 피해자가 주장하는 피해 사실 발생 이후에 두 사람의 행동이나 대화 내용이 가장 중요한 증거 중 하나로 사용됩니다. 성관계를 하는 당시 상황에 대한 직접적인 증거가 없다 보니, 사건 발생 이후 상황을 통해 간접적으로 사건 당시 성관계가 강간이었는지 아니면 화간이었는지를 예측할 수밖에 없는 것이지요. 그리고 이후 상황이나 대화는 피해자의 진술이 얼마나 신빙성이 있는지를 살피는 중요한 지표가 되기도 합니다.

예를 들어, 피해자가 강간을 당했다고 주장하는 시점 직후에, 가해자가 피해자를 집까지 데려다주었고, 피해자는 가해자에게 연락하여 "오늘 즐거웠다. 데려다줘서 고맙다."라고 했다거나, 두 사람이 나눈 성관계에 대해 오늘은 다 좋았는데 어떤 부분이 아쉬웠다는 등의 감상을 전하거나 성적인 농담을 하는 등의 대화를 하였다고 하는 경우 이는 가해자에게 매우 유리한 증거가 됩니다.

A의 경우 이와 같은 내용의 통화녹음이 있었습니다. 성관계를 하고 A가 외부로 이동을 하는 동안 통화를 한 것이었는데, 이는 X가 A에게 A의 성기에 대한 농담을 한 내용이었습니다. A는 평소 업무상 전화가 잦아 자동으로 녹음이 되도록 해 두었던 것인데 고소당한 이후 자료를 찾아보니 다행히도 X와의 통화가 녹음되어 있어 이를 증거로 제출했습니다.

결국 검사는 "X의 진술 외에 A의 강간 혐의를 입증할 객관적인 증거가 없다."라는 이유로 A에게 **혐의없음** 처분을 하였습니다.

이렇듯 연인 사이에 있었던 성관계가 추후 강간 등 혐의로 문제가 되는 경우가 적지 않습니다. 이러한 경우 대부분 물적 증거가 없기 때문에 피해자와 가해자의 진술이나 정황 증거가 가장 중요합니다. 따라서 문제시되는 행위 전후 두 사람이 어떠한 대화를 나누었는지, 어떤 행동을 하였는지, 이후 관계가 지속되었는지 등을 전체적이고 종합적으로 판단하는 것이 중요합니다.

그러나 당사자는 어떠한 말이나 행동이 자신에게 유리한지 판단하기 쉽지 않습니다. 스스로 생각했을 때 자신에게 유리하다고 생각하는 내용이 오히려 법적으로 불리하기도 하고, 사실대로 말하는 게 불리하다고 생각하여 거짓말을 하였더니 그게 오히려 독으로 돌아오는 경우도 적지 않습니다.

따라서 어떠한 경우에 혐의없음이나 무죄를 인정받았었는지, 실제 사례들을 다양하게 다뤄 보고 경험한 변호인의 도움을 받는 것이 가장 중요한 부분 중 하나입니다.

전 여자친구 술자리 / 혐의없음

A는 전 여자친구 X가 오랜만에 같이 술이나 마시자고 제안하여 함께 만나 술을 마셨습니다. 그리고 자연스럽게 근처 모텔로 가 합의하에 성관계를 가졌고, 아침에 일어나 1회 더 성관계를 가졌습니다.
그런데 1주일 후 X는 A를 준강간으로 고소를 한 후, 자신의 어머니까지 대동하여 A에게 거액의 합의금을 요구하였습니다.

A는 전 여자친구 X가 오랜만에 먼저 연락을 하여 만나게 되었고, 술을 마시긴 했지만 상대방과 동의하에 성관계를 가진 것이라 주장했습니다.

A와 X는 연애를 하다가 심하게 다투어 이별을 하였는데, 갑자기 X로부터 연락이 와 적극적으로 만나자고 하기에 좀 이상하다고 생각하긴 했다고 합니다. 그러나 같이 밥을 먹고 술을 마시면서 분위기가 좋아졌고, 예전에 사귈 때처럼 자연스레 성관계로 이어진 것이었기 때문에 당연히 아무런 문제가 없을 것으로 생각했습니다.

A의 변호인은 X가 A에게 먼저 연락을 한 SNS 메시지 내용, 성관계를 가진 후, 그리고 헤어진 후의 메시지 내용을 정리하여 제출하며 당시 X의 동의가 있었음을 증명하기 위해 최선을 다하였습니다. 그리고 A의 평소 행실이 바르다는 점을 증명할 수 있는 각종 자료를 수집

하여 참고자료로 제출하기도 하였지요. 그 결과 A는 혐의없음 처분을 받을 수 있었습니다.

간혹 이 사건과 같이 헤어짐에 대한 분노, 복수심 등을 이유로, 전 연인(여성 혹은 남성)이 계획적으로 접근하여 불미스러운 상황을 만들 수도 있으니 유의하여야 할 것입니다.

강간 및 사진 강요 / 혐의없음

> A와 X는 1년여간 교제를 한 연인이었습니다. 두 사람이 헤어진 후 X는 갑자기 A를 강간과 강요 등의 혐의로 고소하였습니다.

X가 강간이라고 주장하는 행위 중에는 처음 사귀기로 한 날과 사귀던 도중 다투기도 한 날 등이 포함되어 있었습니다.

X의 주장처럼 A와 X가 처음으로 사귀기로 한 날에 두 사람은 성관계를 했습니다. 그러나 A는 연인이 되는 과정에서 자연스럽게 관계를 한 것일 뿐이기 때문에 강간이 아니라고 주장하였습니다.

A와 X가 주고받은 문자메시지 내역에 따르면, A가 X와 사귀기로 한 날부터 거의 매일 상당수의 메시지를 주고받은 사실을 확인할 수 있었는데 A는 X를 '자기'라고 칭하거나 X에게 "예쁘다.", "좋아한다." 라고 말하였고, X 역시 이런 말을 하는 A에게 하트 이모티콘을 보내거나 "보고 싶다."라고 말한 사실이 있었습니다.

한편 X가 강간을 당하였다고 주장한 날 이후에도, 두 사람은 연인 관계를 지속하여 왔으며, 심지어 강간을 당하였다는 당일에도 관계 이후 저녁 식사를 하기 위해 함께 데이트를 나간 사실이 있고, 심지어 다음 날까지 함께 시간을 보낸 이후 A가 X를 집까지 바래다주기도 하였음을 설명하였습니다.

이에 검사는 "위와 같이 두 사람이 당시 매우 친밀한 관계에 있었고, 그 이후에도 연인 관계를 유지한 점, 이 사건 후 같은 날 오후 두 사람이 다시 만나 X의 집 근처로 같이 간 점 등에 비추어 보면, X의 주장만으로 강간 사실을 인정하기 어렵다."라고 판단하였습니다.

한편 A는 강요 혐의에 대하여 'X에게 신체 사진을 보내 달라고 요청한 사실이 있었는데, X가 처음에는 거절을 하였으나, 계속 조르자 X가 이에 승낙하여 사진을 보내 주게 된 것'이라고 설명했습니다. 결국 자신은 X로부터 억지로 사진을 받은 것이 아니라는 주장이었지요.

그러면서 X는 녹취록, 녹음파일, 문자 내역을 증거로 제출하기도 하였습니다. 이에 따르면 A가 X에게 빨리 사진을 보내 달라고 다그치거나 트집을 잡은 사실이 있고, 이에 X가 '신체 사진을 찍는 것이 너무 힘들다.'라는 취지로 말을 하기도 하였습니다. 그럼에도 불구하고 X가 고소를 하며 주장하는 여러 가지 내용의 협박(죽여 버리겠다 등)은 확인되지 않았습니다.

결국 검사는 "A가 X를 닦달하여 신체사진을 보내라고 한 사실은 인정되나, 그러한 내용만으로 A가 강요의 수단으로 X를 협박하였다고

보기는 어렵다."라며 A에게 강간과 강요 혐의 모두에 대해 **혐의없음**

처분을 내렸습니다.

유사강간 카메라등이용촬영 협박 / 혐의없음

A와 X는 6개월가량 교제를 한 사이였습니다. 이후 두 사람은 헤어졌는데, 헤어지며 두 사람은 크게 다투었고 화가 난 X는 A를 ① 자신이 원치 않는 항문성교를 하였다는 내용의 유사강간, ② 자신의 동의 없이 성관계 영상을 촬영하였다는 내용의 성폭력처벌법위반(카메라등이용촬영), ③ 성관계 영상을 유포하겠다고 협박하였다는 세 가지 혐의로 고소하였습니다.

A는 '① X와 동의하에 항문성교를 하였고, ② X의 동의를 얻어 성관계 영상을 찍고 함께 관람을 하기도 하였으며, 이후 스스로 영상을 삭제하였다. 그러므로 ③ 삭제하여 존재하지도 않는 영상으로 협박을 했다니 말도 안 된다.'라는 주장을 하였습니다.

이에 A의 변호인은 ①과 관련하여 X가 지목한 날 전후의 두 사람이 나눈 대화와 이후 교제를 지속하며 자연스럽게 성관계를 수차례 나눈 사실 등을 입증하였고, ②와 관련하여서는 경찰이 디지털 포렌식으로 복구한 영상 속 상황과 대화 내용을 꼼꼼히 따져 당시 X가 촬영 사실을 알고 있었음을 입증하였습니다. 또한 ③ 협박에 관해서는 피의자조사 참여 도중 고소인이 제출한 증거자료를 A와 함께 확인하고 대응하며 'A가 자신에게 불리한 진술을 하도록 X가 유도하고 있음'을 지적하기도 하였습니다.

A는 수사 일정이 길어지자 극심한 스트레스와 고통을 받았습니다. 그러나 그 과정에서 X의 주장과 진술을 하나하나 반박해나갔고, 그 결과 A는 **혐의없음** 처분을 받을 수 있었습니다.

협박과 성관계 사이 인과관계 / 징역형

A는 X와 불륜관계였습니다. 각자 배우자가 있는 상태였지요. 그렇기 때문에 서로 만나고 있는 것을 주변에 숨길 수밖에 없었고, 만남이나 연락에 많은 제약이 있었습니다. 그럼에도 불구하고 A의 X에 대한 소유욕은 점점 더 커져 가고 있었습니다. 결국 A는 X가 관계를 정리하려고 할 때마다 "남편에게 불륜사실을 알리겠다."라는 말로 협박을 하기도 하였습니다. 그러자 X는 A의 마음이나 행동에 부담을 갖는 것을 넘어, 불륜이 발각될까 봐 두려워지기까지 했습니다.

사건 당일 A는 점점 자신에게 소원해지는 X에게 화가 나, "당장 ○○호텔로 나와라. 나오지 않으면 나의 아내와 너의 남편에게 불륜 사실을 다 밝히겠다.", "만나서 같이 죽자."라는 말을 하였습니다. X는 두려운 마음에 A를 만나 화를 풀어주기 위해 ○○호텔로 갔습니다. A는 X가 호텔방으로 들어가자 갑자기 준비해 온 약을 꺼내며 X에게 주었습니다. 그러면서 "이거 먹으면 고통스럽지 않게 죽을 수 있다. 같이 죽으려고 준비해 왔다. 죽자."라고 말을 했습니다(그러나 사실은 죽을 수 있는 약이 아니라 영양제였고 헤어지기 싫다는 연기를 위해 A가 준비해 온 것이기는 했습니다).

그러자 X는 울면서 "나는 죽기 싫다."라고 말했는데, 그러자 A가 X를 껴안으며 "나도 죽기 싫다. 네가 너무 좋다."라는 말을 하면 울기 시작했습니다. 이후 두 사람은 성관계를 하고 헤어졌는데, 이후 X는 강간으로 A를 고소하였습니다.

A는 당시 자신이 X를 협박한 사실과 이후 성관계를 한 사실은 인정하였습니다. 그리고 자신이 X를 협박하여 상처를 준 일에 대해 미안하게 생각하고 반성하고 있다는 의사를 표시하였습니다.

그렇지만 A는 당시 X와 서로 껴안고 울다가 자연스럽게 성관계에 이르게 된 것이며, 성관계 이후 호텔에서 함께 팔짱을 끼고 나왔으며, X의 귀가를 위해 A가 직접 택시를 잡아 주기도 했다고 주장을 하였습니다. 더욱이 이 사건 당일 밤 두 사람이 자기 직전까지 나눈 문자 메시지를 증거로 제출하며 당시 두 사람이 원만하게 화해를 하고 동의하에 성관계를 한 것이라고 설명하였습니다.

이 사건에서 법원은 "A는 헤어지자는 X에게 이 부분 범행 당일 오후부터 전화로 A의 가족과 X의 남편에게 둘의 관계를 알릴 것처럼 말하고 같이 죽자는 말을 하며 호텔로 오게 하였다. X가 호텔에 들어간 순간부터 죽을 수 있는 약이라고 하면서 억지로 먹이려고 하는 등 협박을 하였다. A의 이와 같은 협박 내용 및 정도에 비추어 보면 X로서는 자신의 외도 사실이 알려질 수도 있다는 두려움과 죽음에 대한 극도의 공포감으로 인하여 사실상 항거할 수 없는 심리적 공황상태에 이른 것으로 보인다. A의 이와 같은 협박과 그로 인한 X의 심리상태를 고려하면, 간음행위 당시 A의 협박행위가 중단되었다고 하더라도 단시간 내에 X가 그러한 외포상태에서 벗어나 임의의 의사로써 간음을 거절하거나 승낙할 수 있는 심리상태로 돌아왔다고 볼 만한 특별한 사정이 존재하는 것으로 보이지 않는다."라고 하였습니다.

다시 말해 법원은 A의 주장처럼 협박을 한 이후 안정을 갖게 되어 합의하에 성관계에 이르렀다고 볼 수 없다고 판단한 것입니다.

한편 X가 사건 당일 헤어진 이후 A에게 보낸 평범한 문자메시지 내용에 대해서는 "A의 비위를 거스르지 않을 의도로 A와 메시지를 주고받았을 수도 있는 점, A는 X가 자신과 원활하게 연락이 되지 않으면 화를 내 왔던 점, 두 사람이 서로 배우자가 있는 불륜관계에 있었던 점, 두 사람은 X의 요구로 헤어졌다 A의 요구로 다시 만나기를 반복하였고 X는 그동안 심리상태가 매우 불안정했을 것으로 보이는 점 등에 비추어 보면, 문자메시지를 주고받은 것과 같은 사정이 X의 이 부분 범행에 관한 진술과 양립할 수 없는 사실이라고 할 수 없고, 위와 같은 사정만으로 피해자의 진술의 신빙성을 배척해야 한다고 볼 수 없다."라고 평가하였습니다.

결국 법원은 A가 협박을 한 사실이 인정되고, X의 진술에는 신빙성이 있다고 보아, A에게 **징역형**을 선고하였습니다.

★ 데이트폭력이라는 이름의 범죄와 그 심각성

　연인 간에 발생한 성범죄 사건의 경우 가해자가 구속이 되는 경우가 많습니다. 수사단계에서부터 구속당하는 경우도 많고, 징역형이 선고되기도 합니다. 왜냐하면 가해자가 피해자에 대해 잘 알기 때문에 가해자가 2차 가해를 할 우려가 높다는 점도 반영이 된 것으로 볼 수 있지요.

　연인 간의 범죄 중에서도 성범죄 혐의를 받는 사건들을 진행하면서 느낀 것은 크게 두 가지인데, 하나는 성범죄 사건의 처벌 수위가 정말 높다는 것이고, 다른 하나는 그에 비해 가해자가 그 심각성을 인지하지 못한다는 것입니다. 피해자에 대한 미안함이나 죄책감을 느끼지 않는 경우도 아주 많고요.

　그 이유는 관계의 지속성에서 찾을 수 있을 것 같습니다. 통상 연인 간의 범죄의 경우 단발성으로 끝나지 않고, 그 강도가 점점 더 세지는 경우가 대부분입니다. 예를 들어 처음에는 싸우다 손을 들어 때릴 것처럼 하는 행동으로 끝났다가, 다음번에는 휴대전화를 던져 부수고, 그 다음은 피해자를 때리고, 강간도 하고, 그 다음은 식칼이나 가위를 들고 와서 죽겠다거나 죽여 버리겠다고 협박을 하는 등 범죄의 강도가 계속 가중됩니다.

그러면서 두 사람은 사귀었다가 헤어졌다가를 반복하게 되는데 가해자는 피해자에게 "사랑해서 화가 났다.", "사랑했으니까 그런 거다."라는 핑계를 댑니다. 그러니 피해자는 가해자의 반성하는 태도를 보고 안쓰러워 받아 주게 되고 이런 일이 반복되며 악순환이 계속되는 것이지요.

그런데 지나고 보면 이러한 상황이 가해자 측에게는 면죄부로 여겨지게 됩니다. 그러니 가해자 측에서는 "그 이후에도 우리는 사랑했다. 피해자는 그런 상황을 이해했고 나의 그런 면을 좋아하기도 했다. 당시에는 아무런 문제가 없었는데 이제 와서 헤어지게 되니 화가 나서 나를 고소하는 것이다. 정말 억울하다."라고 말을 하게 되는 것입니다.

가해자가 구속이 되는 경우 가해자의 부모님들이 변호인과 직접 소통하는 경우가 많은데 부모님들의 사고도 비슷합니다. "사귀던 사이에 헤어지고 나니 화가 나서 그런 거 아니냐. 우리 애가 한 일이 뭐 그렇게 큰 잘못이냐. 우리 애가 너무 착하고 순수해서 그 여자애를 순정적으로 좋아해서 발생한 일이다. 그 여자애는 앞으로 다른 남자친구랑 잘 놀 텐데, 우리 아들은 인생 다 망가졌다. 그 여자애가 나쁘다."라며 답답함을 토로하는 것이지요.

한편으로는 자신의 자녀가 범죄자가 된다는 사실에 충격을 받고 속이 상하면서 현재 상황을 인정하고 싶지 않은 마음은 충분히 이해합니다. 그러나 이미 일어난 일이라면 객관적으로 사실을 정확히 파악해서 해결하여야만 합니다.

그래서 '피해자가 잘못한 것이지 자신이나 자신의 가족은 잘못한 것이 전혀 없고 억울하기만 하다.'라는 생각을 가진 의뢰인을 만나면 사건에 대해 짚어 주고, 따끔하게 이야기하며, 앞으로 어떻게 행동하는 것이 최선인지에 대해 조언하려고 노력합니다.

적당히 듣기 좋을 정도로 얘기해서는 상황의 심각성을 모르는 경우도 많고, "맞아요, 아드님만 불쌍하게 됐어요."라는 듣기 좋은 말로 위로를 하는 건 사건을 해결하는 데에 아무런 도움이 되지 않기 때문입니다. 이미 벌어진 일이라면 상황을 정확하게 파악하고 법리적으로 해결하도록 노력하여야 합니다.

일반 강제추행

형법은 폭행 또는 협박으로 사람에 대하여 추행한 자는 10년 이하의 징역 또는 1,400만 원 이하의 벌금에 처한다고 규정하고 있습니다. 강제추행은 성범죄에서 매우 포괄적으로 이해되고 인정되는 범죄 중 하나입니다.

최근에는 피해자의 신체에 직접 접촉이 없는 경우라 하더라도 강제추행이 인정되어 유죄가 선고되기도 합니다. 예를 들어 "아이스께끼"라고 외치며 피해자의 치마를 들추거나 클럽에서 피해자의 치마 끝을 들어올린 사건에서 피고인은 모두 유죄 벌금형을 선고받았습니다.

그러므로 직접적인 신체 접촉을 동반한 경우에만 인정되는 것이 아니라 신체에 부착되어 있는 물건(옷이나 명찰 등)에 접촉한 경우도 상황에 따라서는 추행으로 인정될 수 있다는 점을 명심해야 할 것입니다.

회식 강제추행 고소 / 각하

A는 직장 회식을 마치고 술에 취한 후배 X를 집에 바래다주기로 하였습니다. A는 평소에도 X에게 호감을 가지고 있었는데 자신도 어느 정도 술을 마신 상태에서 상당히 취한 것으로 보이는 X를 바래다주며, X를 만지고 싶다는 생각이 들었습니다.

이에 A는 X의 집 근처에서 X를 쓰다듬고 입을 맞추려 하였습니다. 그러나 X가 얼굴을 돌리고 피하는 바람에 A는 X에게 입을 맞추지 못한 채 자신의 집으로 돌아가게 되었지요.

그런데 X는 다음 날 경찰서에 찾아가 A를 강제추행으로 고소하였습니다.

A는 자신이 고소를 당했다는 사실을 알게 되고 바로 변호사 사무실을 찾았고, 즉시 변호인을 선임하였습니다. 최대한 빨리 대응하여 사건을 원만히 마무리 짓고 싶었기 때문입니다.

강제추행은 합의를 한다고 해서 사건이 처음부터 없던 것으로 되지는 않습니다. 그러나 피해자 조사 전에 합의를 하고 수사진행을 원하지 않는 경우, 피해자와 피의자에 대한 수사를 하지 않고 각하 처분이 내려질 수 있습니다. 각하 처분은 쉽게 말해, 사건이 제대로 진행되지 않고 그대로 종결했음을 의미합니다.

그러나 항상 피해자 조사 전 합의를 한다고 하여 무조건 각하처분이 내려지는 것은 아니고, 상황에 따라서는 수사가 진행되는 경우도 있습니다. 그렇기 때문에 각하 처분을 받기 위해서는 변호사와 정확한 상담을 하고 피해자 조사 전에 합의서를 최대한 빨리 작성하여 제출할 필요가 있습니다.

강제추행의 경우, 신체 접촉이 있긴 있었다면 무죄 주장이 쉽지 않습니다. 쉽게 말해 신체 접촉이 있었고, 피해자가 이러한 행위로 성적 수치심을 느꼈다면 강제추행의 혐의를 벗기가 어렵습니다.

따라서 "피해자와 접촉한 사실조차 없다."라고 해야만 무죄 주장을 하기에 가장 합당한 것이지요. 물론 접촉이 있어도 무죄가 나오는 경우가 있기는 합니다. 예를 들어 친구들 모두가 모여 있는데 자리를 파하면서 반가웠다며 어깨를 두드려 준다거나, 공부를 열심히 하라고 등을 두드려 준다면 추행의 고의가 없고, 통상적으로 성적 수치심을 느꼈을 것으로 보기 어려운 경우에 해당할 수 있습니다. 다만, 접촉한 부위가 입술, 가슴, 허벅지, 엉덩이처럼 통상적으로 성적 수치심을 느낄 만한 곳이라면 유죄가 성립할 가능성이 높습니다.

따라서 "강제로 키스를 했다."라는 내용으로 고소를 당한 경우, "분위기가 무르익어서 자연스레 입을 맞춘 것이다."와 같은 주장은 무죄를 받는 데 도움이 되지 못합니다. 그의 말처럼 분위기도 좋고 서로 원해서 자연스레 입을 맞췄다면 피해자가 고소할 이유가 없기 때문이지요.

　결국 신체 접촉 이후에 피해자가 어떠한 행동을 했는지, 바로 고소를 하였는지 아니면 한참 후에 고소를 하였는지, 신체 접촉 이후 피해자가 가해자와 연락을 한 적이 있는지, 연락을 했다면 어떠한 내용의 연락을 주고받은 것인지 등을 꼼꼼하게 따지는 것이 필요합니다. 그리고 이와 같은 내용들이 본인의 혐의에 어떤 영향을 미칠지는 전문가의 도움을 받아야 정확한 대응이 가능합니다.

　그렇기 때문에 고소를 당한 사실을 알게 되는 경우, 피해자와 연락해서 상황을 모면하려고 해서는 안 되며, 바로 변호사와 상담을 하고 변호사를 통해서 피해자와 연락을 하는 방법을 선택하고 대응하시는 것이 중요합니다.

병원 회식 강제추행 / 무죄

A는 자신이 운영하는 병원에 고용되어 일주일 전부터 근무하기 시작한 간호사 X 등과 함께 회식을 하였습니다. 회식을 마치고 귀가하던 도중 A는 X에게 "우리 둘이 한 잔 더 하고 가자."라고 하면서 ○○노래방으로 이동하여 함께 시간을 보냈습니다.
이후 A는 '노래방에서 X의 손을 만지고 무릎을 쓰다듬고 입을 맞추었다.'라는 강제추행 혐의로 고소를 당하였습니다.

X는 A를 따라 노래방에 들어갈 당시 A와 일정한 거리를 두고 따라 들어갔으며, 노래방에 들어간 뒤 10분 정도 지난 무렵부터 갑자기 A가 자신의 몸을 만지며 추행하였고, 그러자 자신은 A의 행동에 적극적으로 저항을 하며 거절했다고 주장하였습니다.

A의 변호인은 범행 장소인 노래방 내·외부, 그리고 그 주변의 CCTV를 확인하며 두 사람의 행동을 파악하였습니다. 그리고 범행 전후의 사정들을 종합적으로 분석하여 X의 피해 주장이 사실이 아님을 강력히 주장하였습니다.

CCTV에 따르면 X의 진술과는 달리 X가 A를 따라 노래방으로 들어갈 당시 X가 A의 옆에서 팔짱을 끼고 있었습니다. 더욱이 X는 A가 자신의 몸을 만지려 하였다는 시각 이후 노래 가사가 나오는 스크린

앞에서 함께 블루스를 추기도 하였습니다.

한편 X의 진술에 의하면 두 사람이 노래방에 들어간 뒤 10분이 지난 후부터 추행이 시작되었다는 것인데, A와 X는 3시간 넘게 노래방에 함께 있었던 사실이 확인되었습니다. 더욱이 해당 노래방에는 룸 밖에 화장실이 있었는데, X는 노래방을 이용하는 동안 룸 밖에 있는 화장실을 여러 번 다녀왔고 그 와중에 다른 사람에게 도움을 요청하거나 집으로 돌아가지 않은 사실도 확인할 수 있었습니다. 심지어 노래방 주인의 증언에 따르면 노래방의 이용 시간을 연장해 달라고 요청을 한 사람이 A가 아니라 X였다는 것이었습니다. 결국 법원은 X의 진술에는 신빙성이 없다고 판단하며, A에게 무죄를 선고하였습니다.

법원은 피해자의 진술이 대체로 일관되고 공소사실에 부합하는 경우 객관적으로 보아 도저히 신빙성이 없다고 볼 만한 별도의 신빙성 있는 자료가 없는 한 이를 함부로 배척하여서는 안 된다고 판시하고 있습니다.

따라서 이 사건과 같이 피해자의 진술과 배치되는 객관적인 증거들을 토대로 사실관계를 맞게 구성하여 설명하는 것이 매우 중요합니다.

길거리 헌팅 / 혐의없음

A는 대학가 근처에서 친구들과 술을 마시고 귀가하던 중, 마음에 드는 여성 X가 커피숍에서 나오는 것을 보고 말을 걸고 싶다는 생각을 하였습니다. 그래서 A는 커피숍에서 걸어 나오는 X의 앞에 서서 팔을 들어 올리며 "저기요."라고 말하며 피해자를 세웠습니다.

X는 A가 자신의 가슴을 쓸어내렸다며, 그 자리에서 바로 112에 전화하여 강제추행 피해 신고를 하였습니다.

X가 바로 112에 신고를 하였기 때문에 경찰관들이 현장에 출동하였습니다. 당시 A는 당황하지 않고 "변호인을 선임하고 조사를 받겠다."라고 하며 혼자 조사받기를 거부하였습니다.

이는 피의자로서 할 수 있는 가장 훌륭한 대처 중 하나입니다. 범행 현장에 경찰관이 출동하여 피해자의 고소 내용을 확인하는 경우 당황해서 순간적으로 거짓말을 하거나 불리한 진술을 하는 경우가 많기 때문에 혼자 섣불리 진술을 하거나 조사를 받는 것은 지양하는 것이 좋습니다.

변호인은 X가 총 두 번의 경찰 조사를 받았는데, 그 두 진술에서 A의 행동에 대해 묘사한 단어가 미묘하게 차이가 난다는 것을 발견하였습니다. 또한 X는 처음부터 "A가 나의 가슴을 쓸었다."라고 하였는데, 굳이 '만졌다.'가 아니라 '쓸었다.'라고 일관되게 진술하고 있는 것이 특이하다고 생각했습니다. 그래서 'X의 그러한 표현으로 보아, A가 X를 세우기 위해 팔을 올렸다 내리는 과정에서 A조차 인식하지 못하는 사이에 A의 옷이 X의 가슴 부분을 쓸어내렸을 가능성이 있다.'라는 취지의 내용으로 변호인의견서를 제출하였습니다. 그러면서 사건 당일 A가 입었던 옷 사진 등을 첨부하기도 하였습니다.

결국 변호인의 주장이 그대로 받아들여져, A는 **혐의없음** 처분을 받을 수 있었습니다.

엉덩이 만져 추행 / 벌금형

A는 술을 마시고 귀가하던 중, 길거리에 서서 남자친구와 대화를 하고 있던 X의 주변을 서성이다가 뒤쪽으로 몰래 다가가 갑자기 손으로 X의 엉덩이를 감싸듯이 만졌습니다.

A는 동종전과는 물론 형사 처벌을 받은 적 없는 초범이었습니다. A는 자신이 X의 엉덩이를 만진 사실에 대해 인정하며, 아내와 다툼이 있어 속이 상한 마음에 친구들과 저녁 식사를 하며 소주를 2병을 마셔 상당히 많이 취한 상태였음을 밝혔습니다. 당시 A는 술에 취하여 귀가를 하던 중 X를 발견하고 충동적으로 X의 엉덩이를 만지게 되었다고 진술하였습니다.

이 사건에서 가장 안타까운 점은 A와 X의 집이 가까운 곳에 위치하고 있다는 점이었습니다. X는 이 사건으로 인해 저녁에 혼자 귀가를 하기 두려워하게 되었기 때문입니다. 이 사건에서는 (피해자)국선변호사가 선정되어 있었는데 (피해자)국선변호사를 통해 전달받은 내용에 따르면 X가 A를 선처해 줄 생각이 전혀 없고, 합의할 생각은 더더욱 없다는 것이었습니다.

그러나 A로서는 X와 합의를 하지 않는 이상 선처를 받기 어려운 상황이었기에 조심스레 (피해자)국선변호사를 통해 '혹시 피해자가 원한다면 변호인이 직접 뵙고 사죄드리겠다.'라는 의사를 전달해 보았습니다. 그러자 며칠 뒤 (피해자)국선변호사가 "X의 부모가 변호인을 직접 만나 얘기를 들어 보고 싶다고 한다. 대신 생계가 있으니 변호인이 X의 부모가 있는 쪽으로 와주면 좋겠다."라는 내용을 전달해 주었습니다. 이에 변호인은 X의 부모와 직접 연락을 하고 만나게 되었습니다.

X의 부모는 X가 현재 얼마나 힘든 상황에 놓여 있는지에 대해 변호인에게 설명하였습니다. 한편 변호인은 A가 얼마나 많이 반성하고 있는지, 그리고 그 아내가 얼마나 X를 생각하며 슬퍼하고 있는지에 대해 설명을 하였습니다. 사실 A의 가족 역시 강제추행으로 피해를 입은 사실이 있었기 때문에, A가 강제추행의 가해자가 되었다는 사실을 용납하지 못하는 상황이었습니다.

이러한 이야기를 듣고 X의 부모는 깜짝 놀랐습니다. 그러면서 "저희만 이렇게 고통받는 줄 알았는데, 꼭 그런 것만은 아닌 것 같다."라며 A의 가족을 위로하기도 하였습니다. 그리곤 A를 진심으로 용서하며 합의를 해 주었지요. 사실 X의 가족은 A가 제대로 반성은 하지도 않으면서 이 사건을 돈으로 해결하려고 하는 거 아닌지 오해를 하고 있었습니다. 그러나 직접 이야기를 나누며 오해를 풀게 되었지요. X와 같은 동네에 살았고, X의 나이가 어렸기 때문에 구속까지도 가능한 상황이었는데, X와 원만히 합의를 한 덕분에 A는 벌금형을 선고받을 수 있었습니다.

힘이 들더라도, 서로의 이야기를 경청하다 보면 생각보다 쉽게 문제를 해결하거나 상대를 용서할 수도 있게 되는 것이라는 것을 이 사건을 통해 배운 것 같습니다. 가해자 측은 피해자 측에 직접 연락을 못하도록 되어 있습니다. 그렇기 때문에 가해자가 직접 사과하지 않고 변호사를 통해 이야기를 한다고 반성을 하지 않거나 도망가는 것이라고 오해하는 분들이 많이 계십니다. 그러나 2차 가해를 우려하여 피해자 측에 연락하지 못하고 있을 확률이 매우 높습니다. 따라서 이러한 경우 가해자 측과 직접 소통을 하고 싶은 경우에는 변호인에게 연락을 해 볼 수도 있습니다.

택시운전사 추행 / 벌금형

A는 술에 만취하여 택시를 타고 집으로 귀가하고 있었습니다. 당시 택시운전사는 여성 X였는데 택시가 길모퉁이를 도는 때에 뒷좌석에 앉아 있던 A가 갑자기 "가슴 만져 보자."라고 말하며 운전 중이던 X의 겨드랑이 사이에 손을 넣었습니다.

X는 너무나 놀라 화를 내며 택시를 근처 경찰서로 몰고 갔습니다. 그리고 바로 A를 신고하였지요. A는 인사불성 상태여서 경찰이 추행한 사실이 묻는 질문에 그런 일이 전혀 없다며 혐의를 부인하였습니다. 그러나 택시에는 실내에도 블랙박스가 있기 때문에 X가 갑자기 뒤에서 손을 뻗어 운전 중이던 X의 겨드랑이 사이를 만졌고 이에 X가 화들짝 놀라는 모습이 영상으로 남아 있었습니다.

이러한 화면을 확인한 A는 그제야 자신이 X에게 해서는 안 될 행동을 하였음을 인지하고 진심으로 사죄의 마음을 전하였습니다. 그러자 X는 야간에 택시운전을 하다 보면 별의 별 일이 다 있다며, "술 너무 많이 마시지 마시라."라는 말과 함께 A를 용서하고 합의를 해 주었습니다.

이 사건의 경우 손이 살짝 겨드랑이 사이에 들어갔다 바로 나온 것으로 추행의 강도가 세지 않고, 기소되자마자 피해자와 합의가 이뤄

졌으며, A에게는 아무런 전과가 없었기 때문에 선고유예를 기대해 볼 만한 상황이었습니다. 그러나 법원은 "운전 중인 피해자의 신체를 접촉하여 교통사고 등 다른 위험성도 있었던 것으로 볼 수 있다."라며 A에게 벌금형을 선고하였습니다.

이와 유사한 사건으로는 열차 승무원의 지시에 따르지 않고 운행 중인 열차 내에서 난동을 부린 승객이 징역형을 선고받은 사례도 있습니다. 결국 운행 중인 택시나 열차, 버스 등에서 운행을 방해하는 행동을 하는 경우 사고가 발생하거나 다른 문제들을 발생시킬 수 있기 때문에 엄벌하겠다는 취지입니다. 그러므로 이와 같은 장소에서는 특히 행동에 더 주의해야 합니다.

남자 사우나 준강제추행 / 무죄

A는 '○○사우나' 남자 수면실에서 X가 술을 마시고 잠이 들어 '항거불능 상태'에 있음을 이용하여 X의 속옷을 벗긴 후 성기를 만져 추행하였다는 혐의로 재판을 받게 되었습니다.

피해자가 만취했거나 잠을 자고 있는 것과 같이 심신상실 또는 항거불능의 상태에 있는 것을 이용하여 추행을 하면 준강제추행이 성립합니다.

형법

제299조(준강간, 준강제추행) 사람의 심신상실 또는 항거불능의 상태를 이용하여 간음 또는 추행을 한 자는 제297조, 제297조의2 및 제298조의 예에 의한다.

제298조(강제추행) 폭행 또는 협박으로 사람에 대하여 추행을 한 자는 10년 이하의 징역 또는 1천 500만 원 이하의 벌금에 처한다.

A는 X가 술에 취해 사우나 탈의실에서 옷을 제대로 입지도 못하고 몸을 제대로 가누지 못하는 것을 보고 안타까운 생각이 들었다고 말

했습니다. A는 주위에 아무도 X를 살피지 않기에 X에게 다가가 옷을 제대로 입을 수 있게 챙겨 주었을 뿐이라며 피해자를 추행한 사실이 없음을 수사과정부터 재판단계까지 일관되게 주장하였습니다.

한편 피해자는 당시 술에 취해 잠이 들어 있었기 때문에 당시 상황을 정확히 기억하고 있지 못하고 있었습니다. 사우나 탈의실에는 CCTV가 없고, A가 X의 성기를 만지는 모습을 목격한 사람도 없었기 때문에 공소사실에 부합하는 직접 증거는 X의 진술이 전부인 상태였습니다.

X는 경찰서에서 같은 날 두 번 조사를 받았는데, 오전에 처음 조사를 받으며 진술한 내용과 오후에 다시 조사를 받을 때 진술한 내용조차 일치하지 않았습니다. 처음에는 "누군가 자신의 성기를 잡는 것을 느꼈다."라고 하였다가 "누군가 옷을 벗긴다는 느낌이 있었던 것 같다."라고 하였다가 심지어 "잠결에 이상한 기분이 들어 A를 지목하게 된 것."이라는 주장까지 하였습니다. 결국 이 사건은 '느낀 것만 있을 뿐 본 것은 없다.'라는 X의 일방적인 주장 외에 아무런 증거가 없었습니다.

이에 변호인은 "형사재판에서 공소제기된 범죄사실에 대한 증명책임은 검사에게 있는 것이고 유죄의 인정은 법관으로 하여금 합리적 의심의 여지가 없을 정도로 공소사실이 진실한 것이라는 확신을 가지게 하는 증명력을 가진 증거에 의하여야 하므로, 그와 같은 증거가 없다면 설령 피고인에게 유죄의 의심이 간다 하더라도 피고인의 이익으로 판단할 수밖에 없다."라는 형사법의 기본 원리를 적극적으로 피력하였습니다. 그 결과 A는 무죄를 선고받을 수 있었습니다.

사안과 같이 피해자의 진술에 일관성이 없는 경우, 피해자의 진술에 신빙성이 없다는 점을 들어 무죄를 입증할 수 있습니다.

★ 강제추행 이후 가해자와 피해자가 주고받은 문자 메시지

① A는 밤 11시 경 지하철역 입구에서 전단지를 나누어 주는 X에게 접근하여 "일이 언제 끝나느냐."라는 식의 대화를 나누며 호감을 얻었습니다. 이후 A는 X와 함께 식사를 하고 술을 마셨습니다. X는 A의 집으로 이동하여 술을 더 마시다가 잠이 들었습니다. A는 아침이 되어 잠에서 깬 X에게 입을 맞추었고, 거부하는 X에게 욕설을 하며 X의 속옷에 손을 넣어 강제로 추행하였다는 혐의로 재판을 받았습니다.

② B는 서울에서 주식회사를 운영하는 사람이고, Y는 행사를 대행하는 업체의 제작자였습니다. B는 Y에게 해외마케팅 관련 업무를 의뢰하였고, 이에 두 사람은 다른 관계자들과 함께 외국에 출장을 가게 되었습니다. 출장에서 B와 Y는 함께 술을 마셨고, 숙소에서 함께 업무상 대화를 하다가 각자 잠이 들었습니다. 그런 후 B는 아침이 되어 잠에서 깨어 Y를 발견하고는 침대로 올라가 Y를 강제로 추행하였다는 혐의로 재판을 받았습니다.

① 사건에서 X는 A로부터 강제추행을 당하였다고 하는 시점 이후

에도 A에게 '조심해서 다녀오라.', '자신이 있는 곳으로 오라.'라는 등의 문자 메시지를 보낸 사실이 있었습니다. 또한 A가 먼저 방을 나간 이후에도 X는 A에게 '깜빡 잠이 들었다가 이제 일어났다.', '잘 다녀오라.'라는 취지의 문자 메시지를 보내기도 하였습니다.

②사건에서 Y는 이 사건 범행일시 이후 업무 등 관련하여 B와 일상적인 문자 메시지를 주고받았고, 원래 예정되어 있었던 업무도 B와 함께 실제로 진행을 하였습니다. 또한 이번에 함께 한 업무에 이어 타국에서 또 다른 업무를 진행할 것을 전제로 한 문자메시지를 B에게 전송하였고 실제로 그 업무의 일부를 B와 함께 진행하기도 하였습니다.

법원은 위 사안 모두에 대해 **무죄**를 선고하였습니다. 법원이 무죄로 판단한 주된 근거는 '사건 직후 피해자가 피고인과 다정하게 문자 메시지를 주고받았다.'라는 것이었습니다.

서울중앙지방법원은 다음과 같이 판시하였습니다.

타인의 반응에 의존적이고 정서적 결핍감을 느끼는 피해자의 인지적·정서적 특성을 감안할 때 위와 같은 정황이 피해자가 피고인에게서 강제추행을 당하였다는 사실과 도저히 양립할 수 없는 사실이라고 볼 것만은 아니나, 강제추행의 피해자가 전형적으로 보일 법한 행

위, 즉 가해자에 대한 항의나 피해사실에 대한 적극적인 신고, 주변에 대한 도움 요청 등과는 거리가 있을뿐더러 오히려 일반적인 견지에서는 이해하거나 납득하기 어려운 행위라고밖에 볼 수 없으므로, 이러한 정황은 이 사건 공소사실에 대한 관념적·추상적 의심을 넘어 합리적 의심을 불러일으킨다고 봄이 옳다.

설령 피해자의 심리적 특성을 감안한다면 좀처럼 납득하기 어려운 피해자의 반응이나 행동을 이해할 소지가 생긴다고 하더라도 이러한 합리적 의심이 완전히 해소되는 것은 아니다. 이 사건과 같이 피해자의 진술이 거의 유일한 결정적 증거가 되는 사건에서 공소사실과 상치되는 유력한 정황의 의미에 대하여 현시점에서 명확하게 규명하기 어려운 피해자의 내밀한 심리적 특성만을 근거로 피고인에게 불리하게 반감하여 평가하기는 어렵다.

결국 이와 같은 판례 내용을 통해 피해자의 진술 이외에 직접적인 증거가 없는 강제추행 등 성범죄의 경우 성범죄가 일어난 이후에 피해자와 가해자가 주고받은 문자 메시지와 같은 정황증거가 유죄의 증거 혹은 무죄를 입증하는 자료로서 큰 힘을 발휘한다는 것을 다시 한번 확인할 수 있습니다.

주거침입 강제추행

　「형법」에서 규정하고 있는 강제추행은 벌금형 선고가 가능한 반면 타인의 주거, 관리하는 건조물, 선박이나 항공기 또는 점유하는 방실에 침입하여 강제추행을 하는 경우에는 징역형의 선고만 가능합니다. 「성폭력범죄의 처벌 등에 관한 특례법」은 주거침입강제추행의 경우 무기징역 또는 7년 이상의 징역에 처하도록 규정하여 해당 범죄에 대해 매우 엄중하게 처벌을 하고 있습니다.

형법

제298조(강제추행) 폭행 또는 협박으로 사람에 대하여 추행을 한 자는 10년 이하의 징역 또는 1,500만 원 이하의 벌금에 처한다.

성폭력범죄의 처벌 등에 관한 특례법

제3조(특수강도강간 등) ① 「형법」 제319조제1항(주거침입)의 죄를 범한 사람이 같은 법 제298조(강제추행)의 죄를 범한 경우에는 무기징역 또는 7년 이상의 징역에 처한다.

이렇듯 법정형으로 벌금형이 예정되어 있지 않은 범죄의 경우 피해자가 합의를 하지 않는 경우 실형이 선고될 확률이 매우 높습니다. 따라서 최대한 빠른 시일 내에 피해자와 합의를 하여 불구속상태에서 수사와 재판을 받고, 실형을 면할 수 있도록 하는 것이 최선의 방법입니다.

항소심 합의 징역형 원심파기 / 집행유예

A는 자신의 주거지 인근 편의점 앞에서 X를 보고, 마음에 들어 그녀의 귀갓길을 뒤쫓았습니다. A는 X가 거주하는 오피스텔 건물에 도착하여 열려진 1층 출입문을 통해 건물 안으로 따라 들어갔습니다. 그리고 X를 따라 건물 2층으로 올라갔고, X의 거주지 현관문 앞에서 갑자기 "니가 좋아."라고 말하며 X의 엉덩이를 만졌습니다.

귀가하는 여성을 쫓아가 현관문을 열려고 하였거나 피해 여성의 집 현관문 앞을 서성이던 남성이 체포당했다는 기사를 심심치 않게 보게 됩니다. 가장 안전해야 하고 안심할 수 있어야 하는 주거지 인근에서 발생하는 범죄는 그 죄질이 나쁠 수밖에 없습니다.

더욱이 출입이 허락되지 않은 타인의 주거지 건물 복도나 엘리베이터와 같은 곳에 들어가 강제추행을 하면 성폭력처벌법상 주거침입 강제추행이 성립합니다. 여기서 주의해야 할 점은, 아무리 출입문이 열려 있다고 하더라도 범죄를 저지를 의사로 들어가게 되면 이는 주거침입(건조물침입)에 해당한다는 것입니다.

A는 전과가 전혀 없는 초범이었습니다. 한편 A는 수사단계와 1심 재판단계에서 변호인을 선임하지 않았었는데, 개인적으로 X와 합의를 하려고 노력하고 있었습니다. 그러나 합의를 하지는 못한 채, 1심

공판이 종결되었지요. 법원은 "일면식도 없는 남성이 피해 여성의 주거지까지 따라와서 추행하였다는 사실에서 X가 느꼈을 공포감과 혐오감이 컸을 것"이라며 징역 2년 6개월의 실형을 선고하고 A를 법정구속시켰습니다.

벌금형이 없는 범죄의 경우 합의가 되지 않으면 실형이 선고되는 것이 통상적이기 때문에 A는 항소심에서 합의를 하는 것이 최우선인 상황이었습니다. 이에 A는 항소심에서 변호인을 선임하고 변호인을 통해 합의를 진행하였습니다.

결국 변호인의 끈질긴 설득 끝에 A는 X와 합의하였고, X는 'A와 합의하였으니 더 이상 처벌을 원하지 않는다.'라는 처벌불원서를 작성해 주기도 하였습니다. 그 결과 A는 항소심에서 **집행유예**를 선고받을 수 있었습니다.

피해자와 합의를 해야 하는 경우, 변호인을 선임하여 진행하는 것이 훨씬 더 효과적일 수 있습니다. 피해자와 일면식도 없는 사이인 경우 가해자가 자신의 연락처를 알게 될까 봐 (피해자)국선변호사를 통한 연락조차 꺼려 하는 피해자도 많습니다. 설령 피해자와 가해자가 서로 아는 사이이더라도 변호인이 선임되어 있는 경우 중재를 해 주는 사람이 있다는 것이 피해자가 사건을 대하는 데 있어서 안정감을 가질 수 있기 때문입니다.

피해자가 자신의 피해에 대해 호소하거나, 합의에 관한 조건을 이야기하는 때에 전문가를 통하는 것이 가해자 측에 직접 전달하는 것보다 훨씬 더 효과적이라고 생각하기 때문입니다. 그리고 합의금을 정하는 경우에도 당사자가 가격을 흥정하듯이 정하는 모양새가 되면서로 감정이 상할 수도 있으나, 변호인이 적정선을 제시하고 유사한 사례들에서는 어느 정도로 합의가 이루어졌는지를 설명하고 조율하는 것이 훨씬 더 이성적이고 합리적일 수 있습니다.

그러므로 사건에 대해 다투는 것이 없고, 단순히 합의를 하려하는 경우라 하더라도 변호인을 선임하여 진행하는 것이 합의를 하는 데도움이 될 수 있습니다.

호텔 투숙객 / 집행유예

A는 ○○호텔의 지배인이었습니다. 2019년 9월경 피해자 X는 자신의 남자친구와 함께 ○○호텔에 투숙하였습니다. X의 남자친구는 잠시 담배를 피우러 나가며 호텔방 문을 잠그지 않았습니다. 그러자 A는 잠겨 있지 않은 문을 열고 X가 있는 호텔방에 들어갔습니다. 당시 X는 침대 위에서 이불을 덮고 누워 있었는데 A는 X의 옆으로 다가갔고, 놀란 X가 "뭐 하는 거냐!"라며 거부하였음에도 손으로 X의 허벅지를 쓰다듬어 만졌습니다.

변호인의 입장에서 법정형에 '벌금형이 있고 없고'의 차이는 너무나도 큽니다. 그래서 저는 의뢰인이 성범죄 상담을 할 때 그 혐의가 크게 '강제추행'인지 '강간'인지를 기준으로 사건의 경중을 나누는 편입니다.

형법상 강제추행과 같이 벌금형이 가능한 경우는 유죄가 인정되더라도 재판을 받지 않고, 약식으로 종결될 수 있으며, 수사기간 중에 구속수사를 대비할 필요도 매우 낮습니다.[10]

그런데 형법상 강간과 같은 경우는 벌금형이 없기 때문에 일단 유죄가 인정되면 징역형이 선고될 수밖에 없습니다. 다만 실형이 선고될 것이냐, 아니면 징역형의 집행유예를 받을 수 있을 것이냐의 문제

---

10   참고로 최근에는 성범죄의 경우 벌금형이라 하더라도 약식으로 끝나는 경우는 거의 없습니다. 그러므로 대부분 처음부터 기소가 되거나, 약식으로 처리되는 경우라 하더라도 정식재판으로 진행되어 공판단계를 거치게 됩니다.

만 남았을 뿐이지요. 이런 경우 피해자와 합의가 되지 않으면 수사단계에서부터 구속되는 확률도 높습니다.

그러나 같은 강제추행이라 하더라도, 성폭력처벌법의 주거침입강제추행은 벌금형이 없으며, '7년 이상의 징역'에 처하도록 하는 매우 중한 범죄입니다.

이 사건은 A는 X가 묵고 있는 방으로 들어가 추행을 한 것으로, 형법상의 강제추행이 아니라 성폭력처벌법상의 주거침입강제추행이 성립합니다. 따라서 유죄가 인정되는 A에게는 징역형이 선고될 수밖에 없는 상황이었지요.

그러나 A는 자신의 범행을 모두 자백하며 반성하였고, 동종 범죄로 처벌받은 사실이 전혀 없었습니다. 더욱이 A는 피해자와 합의하여 피해자로부터 처벌을 원하지 않는다는 의사를 전달받았습니다. 결국 A는 징역형의 **집행유예**를 선고받았습니다.

위에서도 간단히 언급한 바와 같이, 법정형으로 징역형만 정하고 있는 범죄의 경우, 현실적으로 피해자와 **빠른** 합의만이 구속을 면할 수 있는 방법입니다. 수사단계에서 구속영장실질심사에서는 물론이고 실형을 면하기 위하여도 합의는 가장 중요한 양형조건이 되기 때문입니다.

게스트하우스 외국인 여행객 / 집행유예

대학생인 외국인 A는 방학을 맞아 친구들과 한국에 3박 4일 동안 여행을 왔습니다. A는 서울의 한 게스트하우스에서 친구들과 묵고 있었습니다. 여행 마지막 날 친구들과 명동의 한 술집에서 술을 마신 후 만취한 상태로 자신이 묵고 있는 게스트하우스로 돌아왔습니다. 그런데 A는 자신의 방으로 들어가려던 중 자신의 옆방에 피해 여성 X가 들어가는 것을 보게 되었습니다.

A는 이때 우연히 X를 보고 마음에 들어서 말을 걸기 위해 X의 방문 손잡이를 돌렸는데, 문이 잠겨 있지 않았습니다. A가 들어오자 너무 놀란 X가 침대에 걸터앉은 채 소리를 쳤으나, A는 X에게 다가가 몸을 숙여 X의 허벅지에 손을 얹고, "혼자 놀러왔어요?"라고 물어보았습니다.

이 사건에서 A와 X가 머문 게스트 하우스는 일반 아파트와 같이 거실, 화장실을 공유하고 각자 방에서 잠을 자는 구조로 되어 있었습니다. 그리고 사건 당시 X의 방문은 잠겨 있지 않았습니다. 그러나 위와 같은 경우라 하더라도 주거침입강제추행이 성립합니다. 주거침입강제추행이라고 해서 꼭 현관문을 열고 들어가야 한다거나, 잠겨 있는 걸 억지로 열고 들어가야 하는 건 아니기 때문입니다.

A는 첫 경찰조사를 받고 이틀이 지난 뒤 구속영장실질심사를 받게 되었습니다. 당시 X와 합의가 되었기 때문에 구속이 되지 않을 확률이 높을 것이라 기대를 하며 최선을 다하였는데, 구속영장이 발부되

었고 결국 A는 수사단계에서부터 구속이 되었습니다.

통상은 피해자와 합의가 되었다면 수사단계부터 구속되는 일은 거의 없습니다. 그러나 이 사건의 경우는 A가 X와 합의를 하였는지 여부보다 A가 여행객이라는 사정이 중요하게 작용하였습니다. A는 단기 여행을 온 여행객이었기 때문에 주거가 일정하지 않아 도주의 우려가 있다는 이유로 구속이 되었습니다.

A의 경우 전과 없이 성실히 공부해 온 대학생이었고, 출국금지 조치가 내려진 점을 들어, 도주의 우려가 없음을 주장하며 구속적부심사도 신청을 했습니다. 그러나 여전히 A는 여행객이므로 언제든지 도망갈 수 있기 때문에 도주의 우려가 있다는 이유로 구속적부심사도 기각되었습니다. 결국 이 사건은 A가 구속된 상태로 진행되었습니다.

구속이 된 상태에서 형사 사건이 진행되는 경우의 장점을 굳이 꼽자면 사건이 빨리 진행된다는 것입니다. A는 빨리 자신의 나라로 돌아가는 게 목표였습니다. 그리하여 변호인은 "A가 모든 잘못을 인정하고 있고, X와도 원만히 합의가 되었으므로 조국으로 빨리 돌아갈 수 있도록 최대한 사건을 서둘러 진행해 달라."라는 요청을 각 단계마다 꾸준히 하였습니다.

그 덕분에 A는 범행일자로부터 2개월 만에 1심 재판 선고까지 마칠 수 있었습니다. 예상대로 A에게는 **집행유예**가 선고되었고, 선고 이후 추방되어 조국으로 무사히 돌아갈 수 있었습니다.

참고로, 외국인이 대한민국에서 성범죄로 혐의없음 처분을 받거나 무죄의 판결을 받지 못하는 경우에는, 기소유예 처분만으로도 영구 입국금지 처분을 받습니다.

외국인 B는 클럽에서 여성의 몸을 스치며 만졌다는 이유로 강제추행 기소유예를 받았는데, 자신이 입국금지 처분을 받은 사실을 알지 못한 채, 출장차 한국을 다시 찾았다가 인천공항에서 추방당한 사실이 있습니다.

법무부에 확인을 해 본 결과, B는 강제추행 기소유예 사실로 인해 영구입국금지가 되어 다시는 대한민국에 들어올 수 없는 처지가 되었던 것입니다. B는 한국계외국인으로, 한국에 친인척이 살고 있고, 출장으로 한국을 자주 드나들어야 하는 사람이기 때문에 영구입국금지는 너무나도 가혹한 처분이었습니다. 이에 'B에 대한 입국금지 처분을 취소해 달라.'라는 행정소송도 진행해 보았습니다만 청구는 기각되었습니다.

우리는 인식하지 못하고 있지만, 대한민국은 입국하기 까다로운 국가 중 하나입니다. 성범죄는 물론 마약과 같은 범죄에 연루되는 외국인은 모두 영구적으로 대한민국에 입국할 수 없습니다. 그리고 이러한 처분에 대해 다투더라도 아주 특별한 사정이 있지 않는 한 입국 금지 조치가 해제되는 일은 없다고 보는 것이 일반적입니다.

★ 성적목적공공장소침입

　A는 여성이 화장실에서 용변을 보는 모습을 훔쳐보고 싶다는 생각을 하고 상가 여자 화장실에 침입하였습니다. A는 용변 칸 안에 문을 잠그고 숨어 있다가 피해자 X가 옆 칸에 들어와 용변을 보자 변기를 밟고 올라가 옆 칸으로 머리를 들이밀고 이를 쳐다보았습니다. 한편 A는 위 여자 화장실에 침입하여 옆 칸을 볼 수 있도록 화장지 걸이 밑에 약 1㎝의 구멍을 뚫어 놓고, 피해자 Y가 옆 칸에 들어와 용변을 보자 그 구멍을 통해 이를 쳐다보기도 했습니다.

성폭력범죄의 처벌 등에 관한 특례법

제12조(성적 목적을 위한 다중이용장소 침입행위) 자기의 성적 욕망을 만족시킬 목적으로 화장실, 목욕장·목욕실 또는 발한실(發汗室), 모유수유시설, 탈의실 등 불특정 다수가 이용하는 다중이용장소에 침입하거나 같은 장소에서 퇴거의 요구를 받고 응하지 아니하는 사람은 1년 이하의 징역 또는 1천만 원 이하의 벌금에 처한다.

　이 사건의 경우 A는 총 2회에 걸쳐 범행을 저질렀습니다. 법원은

"계획적으로 화장실에 구멍을 뚫거나 변기를 밟고 올라서서 용변을 보는 피해자들을 훔쳐보기까지 하는 등 피해자들의 법익 침해가 커 죄질이 좋지 않다."라고 판단했습니다.

결국 A가 초범이기는 하나 A의 행위가 계획적이었고, 피해자로부터 용서를 받지 못하였다는 이유를 들어, 법원은 A에게 **집행유예**를 선고하였습니다.

한편 화장실에 침입해서 피해자가 용변을 보는 모습을 훔쳐보는 것과 여자화장실에 침입해서 피해자가 용변 보는 모습을 카메라로 촬영을 하는 행위는 비슷해 보일 수 있으나 그 법적용이 전혀 다릅니다. 전자의 경우에는 성적목적공공장소침입죄가 성립하고, 후자의 경우는 성적목적공공장소침입죄와 카메라등이용촬영죄가 모두 성립합니다.

아동복지법위반

　아동복지법은 "누구든지 아동에게 음란한 행위를 시키거나 이를 매개하는 행위 또는 아동에게 성적 수치심을 주는 성희롱 등의 성적 학대행위를 하여서는 안 된다."라고 규정하며, 이에 위반하는 자는 10년 이하의 징역 또는 1억 원 이하의 벌금에 처하도록 하고 있습니다(아동복지법 제71조 제1항 제1의2호, 제17조 제2호 참조).

　주목할 점 중에 하나는 성인에 대한 성희롱은 형사상 처벌을 받지는 않으나(남녀고용평등법 제37조 사업주 벌칙규정 제외), 아동에 대한 성희롱은 벌금형은 물론 징역형까지도 가능하다는 것입니다.

　성희롱과 성추행(강제추행)은 신체 접촉이 있었는지 여부로 나눌 수 있을 것 같습니다. 항상 그러한 것은 아니나, 최근에는 성적인 의미를 가진 신체부위가 아닌 다른 부위(머리카락, 등, 어깨)를 접촉하는 경우라 하더라도 강제추행으로 인정되는 경향이 있기 때문에, 누군가가 자신을 만져서 성적인 수치심을 느꼈다고 한다면 굳이 성희롱으로 의율할 실익이 없을 것입니다.

　결국 신체를 접촉하지는 않되, 야한 농담 등 언어적인 방법으로 성적 수치심을 느낀 경우나 치마 속을 올려다보는 것과 같은 방법으로 성적 수치심을 느낀 경우라면, 성희롱으로 해석하는 것이 성희롱과 성추행을 구별하는 가장 단순한 방법이 될 것으로 보입니다.

다만 사안에 따라 어떤 혐의가 적용되는지 여부는 복잡할 수밖에 없으니 이러한 일에 얽히게 되는 경우에는 전문가의 상담을 받아 보시기를 권합니다.

아동에 대한 성희롱 / 벌금형

A는 횡단보도에 서 있는 15세 피해자 X 옆에 서 있다가, 갑자기 무릎을 꿇고 X의 치마 속을 들여다보았습니다.

이 사건은 경찰 단계에서 **아동·청소년의성보호에관한법률위반 (강제추행)** 혐의로 송치가 된 사안입니다.

그러나 신체 접촉이 전혀 없고, 단지 A가 X의 치마 속을 들여다보려 하였다는 행위가 문제였기 때문에 강제추행으로 보기 어려운 사건이었습니다. 결국 검사는 이 사건 죄명을 아동·청소년의성보호에관한 법률위반(강제추행)에서 **아동복지법위반(아동에의한음행강요·매개·성희롱등)**으로 변경하였습니다.

법원은 A가 X의 치마 속을 들여다본 것은 아동에게 성적 수치심을 주는 성희롱 등의 성적 학대 행위라고 판단하였습니다. 결국 A는 벌금형을 선고받게 되었습니다.

참고로 이와 매우 유사한 사실관계에서 피고인이 정신장애 판정을 받은 자인 경우가 있었는데, 이때에는 피해자와 합의를 하였고, 피고인에게 장애가 있다는 사정이 반영되어 벌금형의 선고유예를 받기도 하였습니다.

아프니까 주물러 달라 / 징역형

A는 자신의 아들과 친구인 8살 피해자 X가 같은 건물에 살고 있었습니다. X는 A를 삼촌이라 부르며 잘 따랐고, X의 가족 역시 A의 가족과 자주 왕래를 하며 사이좋게 지내고 있었습니다.

그러던 어느 날 A의 아들과 친구들은 A의 집에서 함께 놀다가 술래잡기를 하기 위하여 집 밖으로 나가게 되었습니다. 이때 X는 밖에 나가지 않아 A와 X는 단둘이 집에 남게 되었습니다. A는 X에게 "삼촌이 성기가 아프니까 주물러 달라."라고 말을 하며 X로 하여금 손으로 자신의 성기를 움켜쥐게 하였습니다.

아동에 대한 성적인 가해행위는 은밀한 곳에서 이루어지기 때문에 물증이 없는 경우가 대부분입니다. 그렇기 때문에 증거에 있어서는 피해 아동의 진술에 의존할 수밖에 없는데요. 연령이 낮은 아이가 하는 진술에 대해 어느 정도까지 신빙성을 인정하여야 하는지는 매우 중요한 쟁점입니다.

성추행 피해 아동이 수사기관에서 한 진술이 증거로 제출되어 그 신빙성을 판단할 때에는 아동의 경우 질문자에 의한 피암시성이 강하고, 상상과 현실을 혼동하거나 기억내용에 대한 출처를 제대로 인식하지 못할 가능성 있는 사정 등을 고려하여, 아동의 나이가 얼마나 어린지, 사건 발생 시부터 얼마나 지난 후에 진술을 하였는지, 사건 발생

후 진술을 하기까지의 과정에서 최초로 아동의 피해 사실을 청취한 보호자나 수사관들이 편파적인 예단을 가지고 아동에게 사실이 아닌 정보를 주거나 반복적인 신문 등을 통하여 특정한 답변을 유도하는 등으로 아동 기억에 변형을 가져올 여지는 없었는지, 위 진술 당시 질문자가 오도할 수 있는 암시적인 질문을 반복적으로 하지 않았는지, 같이 신문을 받은 또래 아동의 진술에 영향을 받지 않았는지, 면담자로부터 영향을 받지 않은 아동 자신의 진술이 이루어졌는지, 법정에서는 피해사실에 대하여 어떠한 진술을 하고 있는지 등을 살펴보아야 한다. 또한 검찰에서 한 진술내용도 일관성이 있고 명확한지, 세부내용의 묘사가 풍부한지, 사건·사물·가해자에 대한 특징적인 부분에 관한 묘사가 있는지, 정형화된 사건 이상의 정보를 포함하고 있는지 등도 종합적으로 검토하여야 한다(대법원 2016도14989 판결 참조).

A는 억울함을 호소하며 무죄를 주장하였으나 법원은 피해자가 진술한 내용과 진술을 하면서 표현한 동작 등으로 보아, 피해자의 진술에는 신빙성이 있다고 보았고, A에게 징역형의 실형을 선고하였습니다.

가해자가 피해자를 직접 만지는 경우는 강제추행이 성립하는 반면, 이 사건은 가해자가 피해자로 하여금 가해자의 신체를 만지게 하였다는 이유로 아동복지법위반이 적용된 사건이었습니다.

바바리맨 성기노출 / 벌금형

A는 저녁 시간 서울에 있는 ○○공원을 서성이고 있었습니다. 그러다 중학생인 피해자 X와 우연히 마주쳤습니다. A는 갑자기 X를 앞질러 걸어간 후 자신의 바지와 팬티를 허벅지까지 내리고 발기된 성기를 꺼내어 X에게 보여 주었습니다.

예전에 여학교 주변에서 곧잘 출몰하기도 하였던 바바리맨에 대한 사례입니다. 이 경우 두 가지 범죄가 성립하게 되는데, 하나는 공연음란죄, 다른 하나는 아동복지법위반입니다.

A는 자신은 성기를 노출한 적이 없다며 자신의 혐의를 부인했습니다. 한편 A는 이전에도 바바리맨 행위를 반복하며 동종 전과가 있었습니다. 동종 전과가 있다는 사정은 피의자에게 매우 불리하게 작용합니다. 이미 같은 죄를 저질렀기 때문에 다시 그러한 행위를 했을 가능성이 높다고 보일 수 있는 것이지요. 더욱이 처음 보는 X가 굳이 A에게 누명을 씌울 특별한 이유가 없다면 더더욱 상황은 A에게 불리하게 돌아갈 수밖에 없습니다.

그렇기 때문에 무죄를 주장하기 위해서는 CCTV와 같은 객관적인 증거를 통해 피해자의 주장을 반박하거나, 피해자의 진술의 신빙성이 없음을 입증하여야 하는 것이지요. A의 경우 끝까지 자신은 무죄라고 주장을 하였으나, A에게 유리한 증거는 전혀 존재하지 않았습니다. 법원은 피해자의 진술에 신빙성이 더 높다고 판단하여 A의 주장을 받아들이지 않았습니다.

그러나 법원은 "A가 이 사건 범행 이전까지 보호관찰관의 지도·감독에 순응하며 자신의 성행 개선을 위해 상당히 노력한 것으로 보이고, 그 행위의 위험성이나 가벌성에 비추어, 단 한순간의 욕망을 이기지 못해 우발적으로 범행에 나아갔다고 하여 A를 실형에 처하는 것은 가혹하다고 판단된다."라며 벌금형을 선고하였습니다.

바바리맨 / 무죄

A는 ○○초등학교 후문 앞에서 피해자 X와 Y를 발견하고 피해자들을 성적으로 희롱하기로 마음먹었습니다. 이에 A는 피해자들이 잘 보이는 곳으로 다가가 오른손으로 전화를 하고, 왼손으로는 자신의 바지 안으로 집어넣어 약 1분간 성기를 앞뒤로 흔들어 자위를 하는 듯한 모습을 보였다는 혐의로 재판을 받았습니다.

이 사건에서 피해자들은 재판의 증인으로 출석하여 진술하기도 하였는데, 다음과 같은 이유로 진술의 신빙성이 많이 떨어지는 모습이었습니다. 피해자들은 "A가 손을 바지 속으로 집어넣어 앞뒤로 흔든 것보다는 만지는 것 같았다."라거나, "그런 느낌이 들었다."라고 말을 하였습니다. 정확히 범죄행위를 목격하였다는 것이 아니라 추측이나 생각 정도로 이야기를 한 것으로, 주요한 부분에 진술의 일관성이 부족하다고 판단될 여지가 많았지요.

또한 피해자들은 이 사건 당시 A가 오른손으로 휴대전화를 들고 통화를 하면서 왼손으로 이와 같은 행위를 하였다는 것인데, A는 오른손잡이였습니다. 그렇기 때문에 A가 실제로 전화 통화를 하면서 동시에 피해자들을 성적으로 희롱하는 것은 매우 불필요하고 불편한 일이었습니다.

한편 A는 당시 상황에 대해 통화를 하면서 바지 속으로 손을 집어넣어 자신의 성기를 만진 것은 사실이나, 속옷과 성기에 대한 불편함을 제거하기 위한 것이었다고 설명하였습니다. 그리고 A는 비슷한 시기에 바지와 속옷을 내리고 자신의 성기를 노출하는 방식으로 추행을 한 전과가 있었습니다. 그럼에도 불구하고 이번 범행에서는 굳이 바지 속으로 손을 집어넣어 자위행위를 하였다는 것인데, 과연 이것이 A의 범행목적 달성에 충분한 행위인지 의심스럽기도 하였습니다.

결국 이 사건에서 법원은 피해자들이 바지 속 움직임에 대해 오해를 하였거나, 그 정도를 과장해서 진술했을 여지도 있다며 A에게 무죄를 선고하였습니다.

이 사건은 동종전과가 있더라도 기존 행위와의 차이점을 잘 살펴 주장을 한 것이 오히려 A에게 도움이 된 경우라고 할 수 있습니다.

★ 피해자 연령에 따른 적용법조의 차이점

성희롱의 경우 피해자의 연령에 따라 범죄가 성립하기도 하고 성립하지 않기도 한다는 점에 대해 살펴보았습니다. 성범죄는 피해자의 연령에 따라 처벌 수위가 다를 뿐만 아니라, 적용 법조 자체가 다르다는 특징이 있습니다.

'강제추행'으로 예를 들자면, 피해자가 19세 이상인 경우 형법상 강제추행이 적용됩니다. 피해자가 13세 이상 19세 미만인 경우 아청법이라 불리는 **아동·청소년성보호에관한법률위반(강제추행)**이 적용되고, 13세 미만인 경우에는 **성폭력처벌법위반(13세미만미성년자강제추행)**이 적용됩니다.

형법

제298조(강제추행) 폭행 또는 협박으로 사람에 대하여 추행을 한 자는 10년 이하의 징역 또는 1천 500만 원 이하의 벌금에 처한다.

아동·청소년의 성보호에 관한 법률

제7조(아동·청소년에 대한 강간·강제추행 등) ③ 아동·청소년에 대하여 「형법」 제298조의 죄를 범한 자는 2년 이상의 유기징역 또는

1천만 원 이상 3천만 원 이하의 벌금에 처한다.

성폭력범죄의 처벌 등에 관한 특례법

제7조(13세 미만의 미성년자에 대한 강간, 강제추행 등) ③ 13세 미만의 사람에 대하여 「형법」 제298조(강제추행)의 죄를 범한 사람은 5년 이상의 유기징역에 처한다.

그리고 설령 피해자의 동의가 있었다고 하더라도 피해자가 만 13세 미만인 경우에는 가해자의 연령과 무관하게, 피해자가 만 16세 미만 13세 이상인 경우에는 가해자가 만 19세 이상인 경우에 한하여 형법상 미성년자의제강제추행이 적용됩니다.

형법

제305조(미성년자에 대한 간음, 추행) ① 13세 미만의 사람에 대하여 간음 또는 추행을 한 자는 제297조, 제297조의2, 제298조, 제301조 또는 제301조의2의 예에 의한다.

② 13세 이상 16세 미만의 사람에 대하여 간음 또는 추행을 한 19세 이상의 자는 제297조, 제297조의2, 제298조, 제301조 또는 제301조의2의 예에 의한다.

성범죄는 이렇듯 피해자의 연령에 따라서 죄의 성부 및 적용법조에 차이가 있습니다. 더욱이 해당 규정들은 형법은 물론 특별법에 산재되어 있어 전문가가 아닌 한 정확한 진단을 내리기 어렵습니다. 따라서 사실관계에 따라 범죄의 성립여부 및 유불리를 정확히 진단하여 대응하기 위해서는 전문가의 조력을 받아야만 합니다.

군인 성범죄

군인이 범죄를 저지르게 되면 「형법」이 아닌 「군형법」의 적용을 받습니다. 군형법은 형법보다 처벌 수위가 높은데, 예를 들어 형법상 강제추행은 법정형이 10년 이하의 징역 또는 1500만 원 이하의 벌금형으로 규정되어 있는 반면, 군형법상 군인등강제추행은 법정형이 1년 이상 징역형으로 되어 있어 벌금형이 없습니다.

군인이 성범죄를 저지른 경우 이는 개인적인 문제를 넘어 군대의 기강 해이까지 이어질 수 있기 때문에 강한 처벌이 필요할 수밖에 없습니다. 더욱이 가해자와 피해자자 모두 군인인 경우에는 폐쇄적인 군대라는 공간에서 상명하복에 따라 상사의 지시에 불복하기 어렵다는 점을 이용한 범죄라는 점에서 비난가능성이 높을 수밖에 없는 것이지요.

설령 수사단계에서 원만히 합의를 하는 등 선처를 받아 사건이 잘 마무리된다 하더라도 부대 내 징계처분이 뒤따르게 됩니다. 따라서 직업 군인의 경우에는 본인의 이력에 큰 하자가 생기게 되어 평생을 바쳐 일한 자신의 업적이 한순간에 무너지게 되었다며 절망하기도 합니다.

그러므로 함께 생활을 하거나 회식을 하는 과정에서 불필요한 신체 접촉을 하는 경우 상대방이 성적 수치심이나 혐오감을 느낄 수도 있으니 문제가 될 수 있는 행동은 실수로라도 하지 않도록 주의하여야 합니다.

군형법 군인등강제추행 / 집행유예

A는 2019년 1월경 자신의 후임으로 근무하는 X의 가슴 부위를 손으로 꼬집고, 2019년 3월경 피해자 X의 바지를 내리고 손바닥으로 X의 엉덩이를 때리고, 2019년 4월경에는 바지를 입은 Y의 성기 부분을 손등으로 툭툭치는 방법으로 추행하였습니다.

A는 X에 대한 자신의 행동은 친근함의 표현이자 장난이었을 뿐, 성적 만족을 위한 목적이 아니었기 때문에 강제추행이 아니었다는 주장을 하였습니다.

그러나 법원은 "이 사건 범행은 군인인 A가 선임으로서의 지위를 이용하여 후임병인 X를 수차례 강제추행한 것이다. A는 선임병으로서 후임병이 군생활을 원만하게 할 수 있도록 배려하고 도와주어야 함에도 오히려 그 지위를 이용하여 X를 추행하고 폭행하였다. A와 함께 군 생활을 해야 했던 X는 A의 계속된 범행으로 상당한 정신적 고통을 겪었을 것으로 보이고, 이러한 범행은 군이라는 공동사회의 건전한 생활의 유지와 군기 확립을 저해하는 결과로도 이어지므로 그 죄질이 나쁘다."라고 하였습니다.

한편 A가 이 사건 범행을 자백하면서 깊이 반성하고 있는 점, 초범인 점, X와 원만하게 합의하여 X가 A의 처벌을 원하지 않는 점, A의

추행의 정도가 비교적 중하지 않고 성적 만족 목적을 위해 추행한 것으로 보이지는 않는 점 등은 A에게 유리한 정상으로 보았습니다.

결국 법원은 A에게 징역형의 **집행유예**를 선고하였습니다.

군형법 군인등강제추행 / 선고유예

군인 A는 여군 X 및 동료들과 술자리를 갖던 중, 옆자리에 앉아 있던 X에게 어깨에 손을 얹고 등을 두드리는 등 추행을 하였다는 혐의로 헌병 조사를 받게 되었습니다.

군형법 제92조의3에 따르면 군인에 대하여 강제추행이 있는 경우 1년 이상의 유기징역에 처하도록 하고 있습니다. 이는 군대 내의 상명하복 관계 등 특수한 문화가 존재하는 상황을 고려하여 피해자의 인권을 더욱 보고하기 위해 특별히 규정한 것으로, 벌금형이 없고 징역형만 규정하여 매우 강하게 처벌하고 있습니다. 그렇기 때문에 이 사건과 같이 추행의 강도가 매우 낮은 경우라 하더라도 피해자가 군인인 경우 최소 집행유예의 형이 선고될 수밖에 없습니다.

군형법

제92조의3(강제추행) 폭행이나 협박으로 제1조제1항부터 제3항까지에 규정된 사람에 대하여 추행을 한 사람은 1년 이상의 유기징역에 처한다.

제1조(적용대상자) ① 이 법은 이 법에 규정된 죄를 범한 대한민국

군인에게 적용한다.

② 제1항에서 "군인"이란 현역에 복무하는 장교, 준사관, 부사관 및 병(兵)을 말한다. 다만, 전환복무(轉換服務) 중인 병은 제외한다.

③ 다음 각 호의 어느 하나에 해당하는 사람에 대하여는 군인에 준하여 이 법을 적용한다.

1. 군무원

2. 군적(軍籍)을 가진 군(軍)의 학교의 학생·생도와 사관후보생·부사관후보생 및 「병역법」 제57조에 따른 군적을 가지는 재영(在營) 중인 학생

3. 소집되어 복무하고 있는 예비역·보충역 및 전시근로역인 군인

일정한 신체 접촉이 있었고, 이것이 피해자가 성적 수치심을 느낄 만한 접촉으로 보이며 이를 통해 피해자가 성적 수치심을 느꼈다고 하는 경우 무죄나 혐의없음이 인정되기는 매우 어렵습니다.

다시 말해, 여군에 대한 신체 접촉이 있었던 것이 사실이고, 해당 피해 여군이 성적 수치심을 느꼈다고 고소나 신고를 하는 경우, 피의자의 입장에서 가장 선처를 받을 수 있는 결과는 '기소유예'입니다. 기소유예를 받는 경우 전과가 남지 않아 사회에서는 혐의없음 처분을 받는 것과 비슷한 결과로 볼 수 있습니다.

다만 피의자가 군인이기 때문에 부대 내의 징계를 피하기는 어려우며, 추행의 강도 등에 따라 징계의 수위가 달라질 수 있습니다. 따라서 동료 여성 군인에 대한 신체 접촉은 사소한 것이라도 유의하는 것이 매우 중요하며, 문제가 발생한 때에는 철저히 대비하여 형사 처분은 물론 징계 처분에도 대처하는 것이 필요할 것입니다.

군인 성매매 항소심 / 선고유예

군인 A는 휴가를 나와 성매매를 하였습니다. 이에 군검사는 성매매알선등행위의처벌에관한법률위반(성매매) 혐의로 기소하였고 군사법원에서 A는 벌금형을 선고받았습니다.

A는 원심의 형이 무거워서 부당하다며 변호인을 선임하고 항소하였습니다. 항소심 법원은 "이 사건 범행인 성매매는 성 자체를 불공정한 거래의 객체로 전락시킬 뿐만 아니라 탈세 등 파생 범죄를 유발할 수 있다."라며 A가 한 성매매가 잘못된 행동임을 지적하였습니다. 한편, A가 이 사건 이전까지 아무런 형사 처벌을 받지 않은 초범인 점, A가 진지하게 반성하는 모습을 보이고 있어, A가 건전한 사회인으로 거듭날 개전의 여지가 있는 점 등을 유리한 사정으로 보았습니다.

이러한 사정을 모두 종합하여 법원은 A에게 선고를 유예하는 판결을 하였습니다.

★ 기소유예 취소 [헌법소원]

　'혐의없음(무혐의)'라는 말은 많이 들어 봤어도, '기소유예'라는 단어는 생소한 분들이 많이 계실 것입니다.

　아주 쉽게 설명하자면, '혐의없음'은 혐의가 없다, 즉 무죄라는 얘기고, '기소유예'라는 유죄는 맞는데, 이번 한 번은 처벌하지 않고 선처해 주겠다는 의미입니다. 그리고 이는 모두 검사가 사건을 재판으로 넘기지 않고 종결하는 처분입니다.

검찰사건사무규칙

제69조(불기소처분) ③ 불기소결정의 주문은 다음과 같이 한다.

1. 기소유예: 피의사실이 인정되나 「형법」 제51조 각호의 사항을 참작하여 소추를 필요로 하지 아니하는 경우

형법

제51조(양형의 조건) 형을 정함에 있어서는 다음 사항을 참작하여야 한다.

1. 범인의 연령, 성행, 지능과 환경

2. 피해자에 대한 관계

3. 범행의 동기, 수단과 결과

4. 범행 후의 정황

혐의가 인정되는 사안에서, 검사의 기소유예 처분을 받는 것은 매우 큰 행운입니다. 왜냐하면 실제로 재판을 받거나 처벌을 받지도 않기 때문에 표면적으로는 혐의없음 처분을 받는 것과 다를 바 없는 결과를 얻은 것이니까요. 수사기관에서 조회하면 기록이 남지만 실제 처벌을 받은 것은 아니기 때문에 전과는 아닙니다.[11]

참고로 과거 혐의없음 처분을 받은 이력이 많다거나 기소유예 받은 경우에도, 새로운 혐의로 조사받게 되는 경우, 사실상 수사기관은 전과와 비슷하게 생각하는 경향이 없지 않습니다. 처분 결과야 어찌 되었든 의심을 살 만한 행동을 많이 하고 다니는 '품행이 방정하지 못한 사람'이라거나, 혹은 '그때는 운이 좋아 넘어갔지만 이번에 또 걸려 들어온 사람'이라는 인식을 주기에 충분하기 때문입니다. 따라서 형사 사건에는 얽히지 않는 것이 최선이지요. 결과 여부를 불문하고 형사 사건에 연루되는 경험이 반복되면 불리할 수밖에 없으니까요.

---

11   물론 공무원이나 특별한 지위에 있는 경우 기소유예를 받는 것만으로도 불이익을 받게 될 수 있습니다. 그러나 혐의가 인정되는 사안의 경우 기소유예만큼 선처를 받기도 쉽지 않은 것이 현실입니다.

그러나 피의자가 억울함을 호소하고 전혀 그런 사실이 없다며 '혐의없음(무죄)을 주장하고 있는 사안'이라면 얘기가 달라집니다.

만약 검사가 기소하여 사건이 재판단계로 넘어가게 된다면, 피고인은 법정에서 자신의 무죄를 주장할 기회가 주어집니다. 그리고 기소가 되어야 피해자의 진술 내용이나 제출 증거자료, 그리고 피의자 신문조서와 같은 수사기록을 복사하여 열람할 수 있게 됩니다. 수사단계에서는 증거를 일일이 보여 주지 않기 때문에, 피해자가 어떤 증거로 나에게 혐의가 있다고 주장하는지, 그리고 수사관이 무엇을 근거로 내가 유죄라고 생각하는지를 정확히 알 수 없습니다. 그렇기 때문에 기소가 되면서 비로소 상대의 패를 볼 수 있게 되는 것이지요. 결국 이때부터 객관적인 증거들을 바탕으로 어떻게 자신의 무죄를 입증할 것인지 전략을 세울 수 있게 되는 것입니다.

그런데 검사가 '기소유예' 처분을 내리게 되면 피의자가 제대로 다퉈 보지도 못하고 사건이 '유죄인 것 같기는 한데 이번에는 선처해 줄게.'로 끝나 버리게 되는 것입니다. 기소유예 처분을 받으면 기소되는 것과 달리 수사기록·증거를 열람할 수 없습니다. 따라서 무엇을 증거로 이러한 처분이 내려졌는지 확인할 수도 없고, 법정에서 제대로 싸워 볼 기회조차 잃는 것이지요.

이러한 경우 검찰에 처분을 다시 내려 달라고 하거나, 법원에 형사 재판을 열어 달라고 요청하는 방법은 전혀 없습니다. 다만 헌법재판소에 '검사의 잘못된 기소유예 처분으로 헌법상 보장된 나의 기본권이 침해되었으니 이러한 처분을 취소해 달라.'라는 내용의 헌법소원을 청구하는 것이 유일한 방법입니다.

헌법재판소법

제68조(헌법소원심판 청구 사유) ① 공권력의 행사 또는 불행사(不行使)로 인하여 헌법상 보장된 기본권을 침해받은 자는 법원의 재판을 제외하고는 헌법재판소에 헌법소원심판을 청구할 수 있다. 다만, 다른 법률에 구제절차가 있는 경우에는 그 절차를 모두 거친 후에 청구할 수 있다.

헌법소원을 청구함에 있어 가장 중요한 것은, 기소유예 처분이 있음을 안 날(통보받은 날)로부터 90일 이내에 청구를 해야 한다는 것과, 변호사를 선임하여 진행해야 한다는 것입니다.

기소유예에 대한 불복절차에 대해 아는 사람은 많지 않습니다. 그렇기 때문에 자신은 잘못이 전혀 없는데 기소유예 처분을 받으면 억울하다는 생각을 품고 그냥 지나치는 경우가 대부분이지요.

한편 검사의 기소유예 처분을 받고 헌법소원을 제기하는 경우, 헌법소원이 인용되어 검사의 기소유예 처분이 취소되어 해당 사건이 혐의없음으로 다시 마무리되는 경우가 흔치는 않습니다. 헌법재판소 연구관의 분석에 따르면 검사의 기소유예 처분을 취소해 달라는 헌법소원이 인용되는 확률은 20% 정도밖에 되지 않는다고 하니까요.

헌법소원이 받아들여지지 않는 경우, 헌법재판소는 다음과 같이 결정의 이유를 설시합니다.

"이 사건 기록을 자세히 살펴보아도, 피청구인이 위 사건에 관하여 현저히 정의와 형평에 반하는 수사를 하였거나, 헌법의 해석, 법률의 적용 또는 증거판단을 함에 있어서 위 기소유예 처분의 결정에 영향을 미친 중대한 잘못이 있었다고 보이지 아니하고, 달리 피청구인의 위 기소유예 처분이 헌법재판소가 관여할 정도로 자의적 처분이라고 볼 자료도 없으므로, 이로 말미암아 청구인이 주장하는 기본권이 침해되었다고 볼 수 없다."

한편 헌법소원이 받아들여지는 경우에는 주문이 다음과 같이 기재되지요.

"피청구인이 2018. ○○. ○○. 서울중앙지방검찰청 2018형제◎◎◎◎호 사건에서 청구인에 대하여 한 기소유예처분은 청구인의 평등권과 행복추구권을 침해한 것이므로 이를 취소한다."

검사의 기소유예 처분을 취소해달라는 헌법소원이 받아들여지는 경우, 해당 사건은 검사가 다시 '혐의없음' 처분을 하면서 마무리됩니다. 잘못된 기소유예 처분에 대해 다툴 수 있는 절차는 헌법소원밖에 없기 때문에, 헌법소원을 청구하여 해당 처분의 취소를 구하시는 방법만이 억울함을 풀 수 있는 유일한 해결책입니다.

성매매알선

「성매매알선등 행위의 처벌에 관한 법률」은 성매매 여성의 보호와 성매매를 근절하고 성매매알선행위 등을 처벌하기 위해 제정되었습니다. 이 중 성매매알선은 성매수자에게 성매매를 직접 알선하거나, 호텔 객실 등 성매매 장소를 제공하는 등 행위에 적용되는 혐의입니다.

성매매알선 등 행위의 처벌에 관한 법률

제2조(정의) ① 이 법에서 사용하는 용어의 뜻은 다음과 같다.

2. "성매매알선 등 행위"란 다음 각 목의 어느 하나에 해당하는 행위를 하는 것을 말한다.

가. 성매매를 알선, 권유, 유인 또는 강요하는 행위

나. 성매매의 장소를 제공하는 행위

다. 성매매에 제공되는 사실을 알면서 자금, 토지 또는 건물을 제공하는 행위

제4조(금지행위) 누구든지 다음 각 호의 어느 하나에 해당하는 행위를 하여서는 아니 된다.

2. 성매매알선 등 행위

제19조(벌칙) ① 다음 각 호의 어느 하나에 해당하는 사람은 3년 이하의 징역 또는 3천만 원 이하의 벌금에 처한다.

1. 성매매알선 등 행위를 한 사람

한편 호텔 등 숙박업을 운영하던 중 성매매알선 혐의로 처벌을 받는 경우, 형사 처벌과는 별도로 영업정지와 같은 행정 처분이 따릅니다. 이 경우 영업정지 처분의 집행을 정지하는 청구를 하면서, 영업정지 처분의 취소를 구하는 행정소송을 할 수 있습니다.

「성매매알선등 행위의 처벌에 관한 법률」 위반의 경우 1차 위반인 때 영업정지 3월, 2차 위반인 때 영업장폐쇄명령이 내려지도록 되어 있습니다. 위반행위의 차수는 통상 최근 1년간 같은 위반행위를 기준으로 하고 있는 반면, 「성매매알선등 행위의 처벌에 관한 법률」 위반은 최근 3년간 같은 위반행위로 행정처분을 받은 경우를 기준으로 정하고 있습니다. 다른 법령의 위반의 경우와 달리 「성매매알선등 행위의 처벌에 관한 법률」위반인 경우는 처분의 강도가 세게 규정되어 있는 것이지요.

공중위생관리법

제11조(공중위생영업소의 폐쇄등) ① 시장·군수·구청장은 공중위

생영업자가 다음 각 호의 어느 하나에 해당하면 6월 이내의 기간을 정하여 영업의 정지 또는 일부 시설의 사용중지를 명하거나 영업소 폐쇄 등을 명할 수 있다. 다만, 관광숙박업의 경우에는 해당 관광숙박업의 관할행정기관의 장과 미리 협의하여야 한다.

8. 「성매매알선 등 행위의 처벌에 관한 법률」, 「풍속영업의 규제에 관한 법률」, 「청소년 보호법」, 「아동·청소년의 성보호에 관한 법률」 또는 「의료법」을 위반하여 관계 행정기관의 장으로부터 그 사실을 통보받은 경우

④ 제1항에 따른 행정처분의 세부기준은 그 위반행위의 유형과 위반 정도 등을 고려하여 보건복지부령으로 정한다.

공중위생관리법 시행규칙

제19조(행정처분기준) 법 제7조 제1항 및 제11조 제1항부터 제3항까지의 규정에 따른 행정처분의 기준은 별표 7과 같다.

[별표7] 행정처분기준

Ⅰ. 일반기준

5. 행정처분권자는 위반사항의 내용으로 보아 그 위반정도가 경미하거나 해당위반사항에 관하여 검사로부터 기소유예의 처분을 받거나 법원으로부터 선고유예의 판결을 받은 때에는 Ⅱ. 개별기준에 불구하고 그 처분기준을 다음의 구분에 따라 경감할 수 있다.

가. 영업정지 및 면허정지의 경우에는 그 처분기준 일수의 2분의 1의 범위안에서 경감할 수 있다.

Ⅱ. 개별기준

숙박업

1.

위반행위	근거 법조문	행정처분기준	
		1차 위반	2차 위반
아. 「성매매알선 등 행위의 처벌에 관한 법률」을 위반하여 관계 행정기관의 장으로부터 그 사실을 통보받은 경우 2) 숙박자에게 성매매알선 등 행위 또는 음란행위를 하게 하거나 이를 알선 또는 제공한 경우	법 제11조 제1항 제8호	영업정지 3월	영업장 폐쇄명령

노래방 성매매알선 파파라치 / 선고유예

A는 새벽 1시경 자신이 운영하는 ○○노래방에서 손님으로 찾아온 Z로부터 성매매 가능한 접대부를 불러 달라는 요청을 받았습니다. 이에 A는 이름을 모르는 여성 접대부를 불러 주었고, Z와 위 접대부를 같은 건물에 있는 모텔로 안내하였습니다. 이후 A는 성매매를 알선하였다는 혐의로 재판을 받게 되었습니다.

A에게는 성매매알선 혐의가 인정되어 1심에서 벌금형이 선고되었습니다. 그러자 A는 벌금형이 너무 무거워 부당하다는 취지로 항소를 하였습니다.

변호인은 A가 성매매알선 사실을 인정하고 깊이 반성하고 있으며, 이전에는 성매매알선 행위로 적발된 적이 한 번도 없음을 재판부에 설명하였습니다. 또한 A는 당시 실제로는 성매매를 할 생각이 없는 공익신고자(일명 '파파라치')에게 성매매를 알선하였던 사정이 있었던 점을 지적하며, 공익신고자가 피고인과 좋지 않은 관계에 있는 누군가의 의뢰를 받아 신고하였을 가능성을 배제하기 어렵다는 점도 주장하였습니다.

이에 항소심 법원은 변호인의 위와 같은 주장을 받아들여 원심 판결을 파기하고 A에게 벌금형의 선고를 유예하는 판결을 내렸습니다.

건물 임대인 성매매알선 / 벌금형

건물주 A는 자신의 건물의 일부가 성매매 업소로 적발되었다는 사실을 통보받았습니다. 이에 A는 임차인 Z에게 항의하며, '앞으로 불법영업을 하지 않겠고, 다시 문제가 되면 모든 법적 책임은 Z가 지겠다.'라는 내용의 각서를 받기까지 하였습니다.

그러나 A는 Z에 대해 적극적으로 해당 임대차 계약을 해지하지 않았고, 성매매 업소 철거를 확인하지 않았습니다. Z는 이후에도 계속하여 성매매 영업을 하였고, A 역시 이 기간 동안 Z로부터 월세를 계속해서 받았습니다.

얼마 후 A에게는 성매매알선 혐의로 벌금형의 약식명령이 내려졌습니다.

누구든지 불특정인을 상대로 금품 그 밖의 재산상 이익을 수수·약속하고 성매매를 알선·권유·유인·강요 또는 성매매의 장소를 제공하는 행위를 해서는 안 됩니다.

성매매알선등행위의처벌에관한법률위반(성매매알선등) 범행은 성을 상품화하여 건전한 성문화와 선량한 풍속을 해치는 등 그 사회적 해악성이 큰 범죄입니다. 그리고 그 처분에 있어서는 범행의 기간이나 횟수, 업소의 규모, 수익액 등을 모두 살펴 정하고 있습니다.

A는 '자신의 건물을 성매매 업소로 제공하려고 한 적이 없다.'라는 주장을 하며 검찰의 벌금 약식기소에 불복, 정식재판을 청구하였습니다.

그러나 법원은 "A와 Z 사이에 중개인이나 건물 관리인이 존재한다고 하여 A의 성매매알선의 죄책 여부가 달라지는 것은 아니며, A가 임대차 계약을 확정적으로 종료시킨 것이 아니므로 건물의 제공행위를 중단하였다고 볼 수 없다."라는 이유로 A에게 성매매알선 혐의를 유죄로 인정하고 **벌금형**을 선고하였습니다.

일반적으로 숙박업은 건물주로부터 임대차계약을 체결한 임차인이 영업을 하는 경우가 많습니다. 이 사건과 같이 성매매 영업을 알면서도 성매매업소 철거를 요청하는 등 특별한 조치를 취하지 않고, 계속하여 임대료를 받는 임대인은 숙박업을 직접 영위하지 않는다고 하더라도 성매매알선 혐의가 인정될 수 있으니 유의하여야 하겠습니다.

성매매 장소 제공 호텔 / 벌금형

A는 ○○호텔을 운영하는 자입니다. A는 B를 지배인으로 고용하여 호텔을 운영하였는데, B는 평소 □□유흥주점의 운영자와 경리부장이 2차 손님을 보내기 전에 연락을 하면 알겠다는 취지의 답신을 하며 성매매 장소로 ○○호텔을 이용하도록 하였습니다.

B는 4개월의 기간 동안 300여 회 보도 아가씨들이 유흥주점의 남성 손님들과 성매매를 할 수 있도록 ○○호텔 객실을 제공하고 그 대가로 회당 4만 원가량을 취득하였습니다.

이에 A는 ○○호텔의 운영자로서 자신의 사용인인 B가 위와 같이 해당 호텔 객실을 성매매 장소로 제공하고 그 대가를 취득함으로써 영업으로 성매매알선 등 행위를 하였다는 혐의로 재판을 받게 되었습니다.

성매매알선등행위의처벌에관한법률

제27조(양벌규정) 법인의 대표자나 법인 또는 개인의 대리인, 사용인, 그 밖의 종업원이 그 법인 또는 개인의 업무에 관하여 제18조부터 제23조까지의 어느 하나에 해당하는 위반행위를 하면 그 행위자를 벌하는 외에 그 법인 또는 개인에게도 해당 조문의 벌금형을 과(科)하고, 벌금형이 규정되어 있지 아니한 경우에는 1억 원 이하의 벌금에 처한다. 다만, 법인 또는 개인이 그 위반행위를 방지하기 위하여 해당 업무에 관하여 상당한 주의와 감독을 게을리하지 아니한 경우에는 그러하지 아니하다.

제19조(벌칙) ② 다음 각 호의 어느 하나에 해당하는 사람은 7년 이하의 징역 또는 7천만 원 이하의 벌금에 처한다.

1. 영업으로 성매매알선 등 행위를 한 사람

A는 자신이 B의 위반행위를 방지하기 위하여 해당 업무에 관하여 상당한 주의와 감독을 게을리하지 않았다며, 자신이 성매매알선 등 행위의 처벌에 관한 법률 제27조 단서에 해당한다는 주장을 하였습니다. 한편 제27조 단서 규정에 대해서 대법원은 아래와 같이 판시한 바가 있습니다.

성매매알선 등 행위의 처벌에 관한 법률 제27조 단서는 영업주인 법인 또는 개인에게 엄격한 무과실책임은 아니라 하더라도 그 과실의 추정을 강하게 하고 그 입증책임도 개인에게 부과함으로써 양벌규정의 실효를 살리자는 데 그 목적이 있고, 구체적인 사안에서 법인 또는 개인이 상당한 주의 또는 관리감독의무를 게을리하였는지 여부는 당해 위반행위와 관련된 모든 사정, 즉 당해 법률의 입법취지, 처벌조항 위반으로 예상되는 법익 침해의 정도, 그 위반행위에 관하여 양벌조항을 마련한 취지 등은 물론 위반행위의 구체적인 모습과 그로 인하여 실제 야기된 피해 또는 결과의 정도, 법인의 영업 규모 및 행위자에 대한 감독가능성 또는 구체적인 지휘감독관계, 법인이 위반행위 방지를 위하여 실제 행한 조치 등을 전체적으로 종합하여 판단하여야 한다(대법원 2009도5824 판결 참조).

　법원은 "이 사건 호텔은 이 사건 발생 이전부터 유흥업소의 성매매 장소로 제공되어, 위 호텔 내에서 성매매 단속이 이루어진 적이 수차례 있었던 점, 이 사건 발생 2년 전 인근 유흥주점에서 보낸 여성종업원이 고객들과 위 호텔 내에서 성매매를 하다가 현행범으로 체포되었는데, 사건 당시 A와 B는 성매매장소 제공 혐의로 피의자로 입건되어 조사를 받았던 전력이 있는 점, A는 수사 진행 과정에서 가끔씩 호텔에 들러 수금을 하였을 뿐 호텔 운영 및 관리는 전적으로 B에게 위임하였다는 취지로 변소를 하다가 재판에 이르러 자신은 관리감독에 소홀함이 없었다는 취지의 변소를 한 점, A가 직원들에게 구두로 2차손님을 받지 말라고 교육하는 외에 위반행위 방지를 위한 별다른 조치를 취한 것은 없는 점 등을 종합하면 A가 성매매알선행위 방지를 위해 상당한 주의 및 감독의무를 이행하였다고 보기 어렵다."라며 A에게 벌금형을 선고하였습니다.

　이 사건을 통해 호텔의 운영자는 평소 지배인들에 대하여 성매매알선행위 방지를 위한 노력을 한 경우 성매매알선 등 행위의 처벌에

관한 법률에 따른 처벌을 피할 수 있으며 이러한 방지 노력을 했다고

인정되기 위해서는 객관적이고 상당한 정도의 행위일 것을 필요로

함을 확인할 수 있습니다.

★ '불특정인을 상대로 하는 성매매만 처벌한다.'라는 것의 의미

「성매매알선 등 행위의 처벌에 관한 법률」에 따르면 이 법에서 사용하는 '성매매'의 의미는 불특정인을 상대로 금품이나 그 밖의 재산상 이익을 수수(收受)하거나 수수하기로 약속하고 성교행위를 하거나 그 상대방이 되는 것이라 정의하고 있습니다.

그래서 성매매에 관해 문제되는 것이 바로 '불특정인을 상대로'한 것만 처벌하겠다는 의미인지, 그렇다면 성매매알선을 하는 경우 특정인을 상대로 하는 경우 죄가 되지 않는 의미인지 여부입니다.

이는 최근 유명 연예인이 '해외 투자자들에게 성매매를 알선하였다.'라는 혐의에 대해 다양한 의견이 나오면서 주목하게 된 내용이기도 합니다. 다시 말해 이 사건 피고인은 특정인을 상대로 성매매를 알선한 것이기 때문에 「성매매알선 등 행위의 처벌에 관한 법률」이 금지하는 성매매알선에 해당하지 않아 무죄가 나오는 것이 아니냐는 취지입니다.

그러나 아래 대법원 판례에 따르면 피고인이 특정인들에게 성매매를 알선한 것 역시 성매매알선으로 처벌이 가능함을 확인할 수 있습니다.

「성매매알선 등 행위의 처벌에 관한 법률」 제2조 제1항 제1호는 '성매매'를 불특정인을 상대로 금품이나 그 밖의 재산상의 이익을 수수하거나 수수하기로 약속하고 성교행위나 유사 성교행위를 하거나 그 상대방이 되는 것을 말한다고 규정하고 있는데, 여기서 '불특정인을 상대로'라는 것은 행위 당시에 상대방이 특정되지 않았다는 의미가 아니라, 그 행위의 대가인 금품 기타 재산상의 이익에 주목적을 두고 상대방의 특정성을 중시하지 않는다는 의미라고 보아야 한다(대법원 2007도2839 판결 참조).

원심은 그 채용증거들에 의하여 피고인이 그 소속의 피디 및 술집을 통하여 구한 여성 2명에게 돈을 주고 그들로 하여금 X, Y, Z와 성교하도록 알선한 사실을 인정한 다음, 위 여성 2명이 성행위에 이르게 된 경위, 위 여성들이 성행위의 대가로 피고인으로부터 돈을 지급받은 사정 등에 비추어 위 성행위의 상대방 남성들을 위 법에서 정한 '불특정인'이라고 평가하여 윤락행위 알선에 대한 공소사실을 유죄로 판단하였는바, 원심의 위와 같은 판단은 위 법리에 비추어 정당하고, 상고이유 주장과 같은 성매매에 있어서 '불특정인'에 관한 법리를 오해한 위법 등이 없다(대법원 2015도1185 판결 참조).

무고

무고죄는 타인의 형사 처분 등을 목적으로 수사기관 등에 허위 사실을 신고하는 범죄입니다. 성범죄 사건을 상담하다 보면, "이거 무고로 고소되죠?"라거나 "무조건 무고로 고소할 겁니다!"라고 화를 내시는 피의자들을 많이 봅니다.

형법

제156조(무고) 타인으로 하여금 형사 처분 또는 징계처분을 받게 할 목적으로 공무소 또는 공무원에 대하여 허위의 사실을 신고한 자는 10년 이하의 징역 또는 1천 500만 원 이하의 벌금에 처한다.

무고는 '허위의 사실'을 신고·고소한 때에 성립하기 때문에, 우선 성범죄에 대한 수사가 먼저 진행되어 해당 고소 사실이 허위인지를 판단할 수밖에 없습니다. 그렇기 때문에 피의자가 무고 고소 이야기를 하는 경우, "우선은 본인의 안위를 염려하는 것이 좋으며, 무고 고소는 나중에 내 사건이 끝난 후에 생각하시라."라는 조언을 많이 하게 됩니다.

한편 혐의없음 처분을 받거나 무죄 선고를 받는다고 해서 고소한 상대방에게 무조건 무고가 성립하는 것은 아닙니다. 해당 혐의에 대한 증거가 부족해서 혐의없음이나 무죄가 나오는 경우가 대부분이기 때문에, 무고에서 필요로 하는 고소 내용이 '허위의 사실'인지 여부를 다시 한번 살펴야 하기 때문입니다.

다시 말해, 성범죄로 고소한 것을 무고로 고발하여 유죄로 인정받게 하기 위해서는 성범죄 혐의가 명백히 '허위의 사실'이어야 합니다. 예를 들어 '술에 너무 취해서 기억이 안 나서 착각했던 것 같다.'라는 이유가 아니라 '그런 사실이 전혀 없는데, 저 사람을 혼내 주고 싶어서 거짓말로 고소해야지.' 하는 정도가 되어야 한다는 뜻입니다. 또한 범인을 잘못 지목해서 억울하게 피의자가 되었다고 하더라도, 피해자가 일부러 그 사람을 형사 처분 받게 하기 위해 허위 사실로 신고한 것이 아니라 오해를 하였거나 착오가 있었던 경우라면 무고가 인정되기 어렵습니다.

그렇기 때문에 고소를 당한 경우, 먼저 상대를 무고로 고소하려고 생각하기보다는 본인의 혐의에 대해 먼저 다투는 게 중요합니다. 만약 피의자는 상대가 동의를 해서 성관계를 했기 때문에 강간이 성립하지 않는다고 생각하더라도, 상황을 보니 피해자가 너무 취해 정상적으로 동의의 의사표시를 할 수 없는 경우였다거나 등의 사유로 성범죄 혐의에 대해 유죄가 인정될 수도 있습니다. 이런 경우 무턱대로 피해자를 무고로 고소해 버린다면 피해자를 더 화나게 하여 합의에 더 어려움이 생길 수도 있고, 검사나 판사가 보기에도 피의자의 죄질을 더 나쁘게 볼 수밖에 없기 때문입니다. 따라서 무고를 생각하기 전에 선행된 고소 내용에 충실히 대비하시는 자세가 필요합니다.

불륜 무고 / 무죄

A는 자신의 집에서 X와 합의하에 성관계를 하다 남편에게 발각되자 X로부터 성폭행을 당하였다고 고소하기로 마음을 먹고, 경찰서에 "술을 마시고 필름이 끊긴 거 같은데, 이상한 느낌이 들어 깨 보니 내가 성폭행을 당하고 있더라."라는 내용으로 고소장을 작성하여 제출하고, 피해자로 조사를 받기도 하였습니다.

X는 'A가 자신과 합의하에 성관계를 하던 도중, A의 남편이 두 사람의 모습을 보게 되었는데, 그러자 A가 갑자기 자신을 뿌리치고는 강간을 당하였다며, 허위로 고소하였다.'라고 하였습니다. 그러면서 'A가 자신을 무고할 이유는 자신이 불륜을 하였다는 것을 감추기 위해 강간을 당하였다고 말할 필요가 있었기 때문'이라고 주장하기도 하였지요.

이 사건에서 A의 남편은 당시 상황을 목격한 후, X에게 '왜 자신의 아내를 강간하였느냐.'라며 화를 내기보다는, 왜 자신의 아내와 성관계를 하였는지에 대해 질문을 하였습니다. 이를 통해 A의 남편이 두 사람의 성관계 장면을 목격하였을 때, X가 물리적 강압으로 성관계를 하였거나, A가 만취하여 잠을 자거나 정신을 잃었던 것으로 보이지는 않았던 사정을 확인할 수 있었습니다. 결국 A의 남편이 보기에 당시 A가 X로부터 강간을 당하는 것으로 보이지 않았고, 두 사람이 합의하에 성관계를 하는 것으로 보였었다는 의미였지요.

법원은 우선 A와 X가 합의하에 성관계를 가졌는지를 살펴보았는데, X는 구체적이고 일관되게 성관계에 이르기 전부터 A의 남편에게 발각될 때까지의 상황을 설명하였습니다. 그리하여 X는 자신의 준강간 혐의에 대해 혐의없음 처분을 받았고 준강간 사건의 주임검사는 A를 무고 혐의로 기소하였습니다.

그러나 A는 일관되게 자신이 어느 순간부터 기억이 나지 않다가 성기가 삽입된 순간부터 어렴풋이 기억이 났고, 자신의 남편이 방문을 열고 들어오자 정신이 들었다고 주장하고 있었습니다. 기억이 나지 않는다는 것이 매우 불리한 진술일 수도 있음에도 일관되게 진술을 하였고, 심지어 사건 발생 다음 날 A는 X에게 전화를 걸어 어떻게 된 일인지 상황을 묻기도 하였던 통화내용을 제출하기도 하였습니다.

이에 법원은 "A의 주장과 같이 필름이 끊어진 상태에서 X와 성관계를 가지는 것이 완전히 불가능한 것은 아니라고 보았습니다. 또한 이 사건에서 X의 주변인들은 X가 평소 술자리에서 처음 만난 여자들에게 술을 먹이고 성관계를 하는 등 행실이 좋지 않다는 평가를 진술서로 제출하기도 하였는데, 이러한 사정을 보아 X가 성관계 전후사정에 대해 모두 인지하고 있었던 반면, A의 주장과 같이 A는 실제로 당시 성관계에 이른 과정에 대해 아무런 기억이 나지 않는 상태에서 고소에 이르렀을 가능성을 배제할 수 없다."라고 보았습니다.

결국 법원은 A가 명백히 '허위의 사실'을 고소한 것이라 볼 수 없다는 취지로 무죄를 선고하였습니다.

택시 강제추행 무고 / 징역형

A는 X가 운전하는 택시에 승차하여 목적지인 ○○아파트까지 오던 중, 택시 기사인 X가 자신이 묻는 말에 제대로 대꾸를 하지 않자 기분이 상했습니다. 그래서 A는 경찰에 '택시기사인 X가 운전하는 택시에 승차하였는데, X가 손으로 A의 허벅지를 만져 강제로 추행하였다.'라는 내용으로 피해 신고를 하였습니다.
그리고 A는 경찰서 진술녹화실에서 성폭력 사건 피해자 조사를 받으며 같은 내용으로 허위 진술을 하였습니다.

X는 A의 허벅지를 만져 강제로 추행한 사실이 없었습니다. 그럼에도 불구하고 A는 X로 하여금 형사 처분을 받게 할 목적으로 경찰에 위와 같이 허위의 사실을 신고하였습니다. 이 사건은 A가 아무런 가해 행위를 하지 않은 택시기사 X를 상대로 단지 기분 나쁘다는 등의 이유로 피해자로부터 성추행 당하였다는 내용으로 무고한 사건입니다.

무고란 '허위의 사실'을 신고한 경우에 성립하는데, 사실상 이 부분을 입증하기는 매우 어렵습니다. 성범죄의 경우 '하였다.'라는 객관적인 증거도 거의 없기 때문에, '하지 않았다.'라는 증거를 제시하기는 더더욱 어려울 수밖에 없지요. 그래서 허위인지 여부에 대해 객관적인 증거를 제시하지 못하는 한 대부분 '증거가 부족'하여 혐의없음 처분이나 무죄 판결을 받게 됩니다.

이 사건에서 택시기사 X는 차량 내 블랙박스 영상을 증거로 제출하였습니다. 다시 말해, 자신은 강제추행을 하지 않았고, A가 허위의 사실을 신고한 것이라는 객관적인 증거를 제출한 것입니다. 해당 영상에는 X가 A의 신체를 접촉한 사실이 전혀 없음을 명확히 보여 주고 있었습니다.

법원은 "만약 X가 블랙박스 영상을 제출하지 않았다면 상당히 곤란한 상황에 빠졌을 개연성이 있다."라며, "이 일로 X는 여자 손님이 택시에 타면 같은 일이 생길까 봐 긴장되고 얼굴도 제대로 보지 못할 정도로 심리적으로 위축된다며 그 피해를 호소하고 있다."라며 A에게 징역형의 실형을 선고하였습니다.

무고는 '허위의 사실'을 입증해야 하는 사정 때문에 인정되기가 어려운 죄 중에 하나입니다. 수사기관에 허위의 사실을 신고하여 수사 절차가 진행하게 되어 수사기관과 법원을 속여 잘못이 없는 사람이 처벌받도록 하는 것으로 정말 죄질이 좋지 않은 범죄이지요.

허위의 고소나 신고 때문에 진짜 성범죄로 피해를 입은 고소인들까지 오해를 사는 경우도 적지 않습니다. 따라서 성범죄에 대한 높은 처벌수위 못지않게, 무고에 대한 엄벌을 요구하는 국민의 목소리가 높아지고 있습니다.

이 사건과 같이 억울한 성범죄에 연루되는 경우 허위의 사실이라는 객관적인 자료를 함께 마련하여 무고로 고소를 하는 것을 변호인과 함께 준비하시는 게 필요합니다.

유흥주점 종업원 강간 무고 / 집행유예

X는 유흥주점의 종업원이었습니다. X는 유흥주점에 손님으로 온 A를 알게 된 이후 지속적으로 A에게 호감을 표현하였습니다. X는 A가 경제적으로 여유가 있어 보였기 때문에 애인 사이가 되어 '들어앉히기(유흥업계에 종사하는 여성을 업소에 출근하지 않게 하는 대신 매월 일정 금액을 지급하는 것)'를 해 줄 것을 기대하였습니다.

그러나 이에 대하여 A가 소극적인 태도를 보이자 자신과 성관계를 하고 아무런 대가도 지급하지 않는다는 것에 화가 났습니다. 이에 X는 자신이 A에게 강간을 당하였다고 허위로 112 신고를 했습니다. 그리고 이후 X는 검사실에서 조사를 받으면서 A로부터 강간당하였다고 진술하기도 하였습니다.

법원은 형사 고소가 남발되는 경향이 있는 것이 우리나라 실정이고, 피무고자(허위 고소를 당한 사람)는 무고 대상이 된 사건과 무고 자체 사건 때문에 이중으로 고통에 시달리게 되어 무고죄에 대하여 엄한 처벌을 할 필요성이 있다는 점을 지적하였습니다.

그러면서 법원은 유흥주점에서 일하며 알게 된 피무고자와 성관계를 한 후 소위 '조건만남'이 이루어지지 않자 우발적으로 이 사건 범행을 저지른 것으로 보이고, 고소 이후 금전을 요구한 사실은 없는 것으로 보이는 사정 및 이 법정에서 무고사실을 자백한 점 등을 고려하여 초범인 X에게 징역형의 **집행유예**를 선고하였습니다.

성범죄의 피해자라고 허위의 사실로 신고하게 되는 경우 무고가 성립하게 되고, 이러한 경우 초범이라 하더라도 무거운 형을 받게 됩니다. 무고는 수사관 등의 인력이 불필요하게 낭비되게 하는 중범죄입니다. 또한 누군가를 고소한다는 것은 생각보다 어마어마한 일입니다. 한 사람의 인생을 송두리째 뒤흔드는 일이고, 또 돌이킬 수 없는 일이지요. 고소를 당한 사람은 고소로 인해 직장도 잃고 가정도 잃고 모든 것을 다 잃을 수도 있기 때문입니다.

내연남 강간 고소 / 징역형

A는 X와 오랜 기간 동안 내연관계를 유지하면서 그 사이에서 아이를 낳아 키우기까지 하였습니다. A는 X로부터 양육비 명목으로 수차례 돈을 받으며 계속해서 성관계도 나누는 관계였습니다. 내연관계가 유지되는 상황이었으므로 합의하에 성관계를 한 것이었으나, A는 자신이 거절했음에도 불구하고 X로부터 원치 않는 성관계를 강요받았다고 주장하며, 아이의 양육비를 받기 위해 어쩔 수 없이 참고 강간을 당했다는 취지로 X를 고소를 하였습니다.

당시 A와 X는 양육비 외에도 아이를 키우는 문제며 두 사람의 관계 정리를 원인으로 자주 다투곤 하였습니다. 그러던 중 두 사람은 폭행이나 명예훼손 혐의로 서로를 고소를 하기도 하였는데, 이러한 상황에 화가 난 A는 X로부터 강간을 당하였다고 고소를 하게 되었던 것입니다.

법원은 "무고죄는 타인의 형사 처분 등을 목적으로 수사기관 등에 허위 사실을 신고하는 범죄이다. 단순히 개인 간의 다툼에 그치는 것이 아니라, 자칫 죄가 없는 사람으로 하여금 원통하게 형사 처벌을 받게 하는 결과를 초래할 수도 있다. 이는 국가의 형벌권 행사를 왜곡시키는 것으로서 그로 인해 사법절차에 대한 국민의 신뢰를 저하시킬 수 있다. 죄질이 아주 무거운 범죄에 해당한다."라며 A에게 징역형을 선고하였습니다.

　A는 아무런 전과도 없이 살아 왔고, 양육해야 하는 어린 아이도 있었습니다. 그럼에도 불구하고 A가 실형을 선고받게 된 이유는 무고죄는 국가 형사사법권의 적정한 행사를 저해할 뿐만 아니라 X를 형사 처분을 받을 위험에 빠뜨리게 하는 중대한 범죄로서 엄히 처벌할 필요성이 있다는 점, X는 A의 이 사건 무고 범행으로 인해 여러 차례 피의자 신분으로 조사를 받은 점, A가 무고한 범죄사실인 강간은 매우 무거운 범죄이고, X로부터 용서를 받지 못하였기 때문입니다.

좋은 변호인을 만나는 방법

상담을 하다 보면 "처음으로 경찰 전화를 받아 보았다."라는 분들이 많습니다. 그래서 변호사 선택이 어려울 수밖에 없는 것 같습니다. 사정이 이렇다 보니 절박한 피의자들의 마음을 이용한 '허위·과장 광고'도 기승을 부리고 있지요. 같은 변호사로서 화가 날 정도로 불법적인 영업도 서슴지 않는 사무실들이 적지 않습니다.

안타까운 마음에 이 시장에서 일을 하고 대표로 사무실을 운영하고 또 다양한 분들과 상담을 하며 느낀 바에 대해 솔직함을 담아 몇 자 적어 보려고 합니다. 혹시라도 인생에 있어서 절박하고 암담한 순간에 형사 사건 변호사를 급히 찾아야 할 때 참고하시면 좋을 것 같습니다.

"변호사와 직접 상담을 하셨나요?
사건을 진행하고 있다면, 담당변호사와 연락이 되고 있나요?"

수사단계 혹은 1심 재판을 마치고 상담을 오는 피고인 분들이 있습니다. 수사단계 혹은 1심의 변호인이 없었거나, 있었다면 변호사를 바꾸기 위해 상담을 온 것이지요. 그런 분들이 꼭 하는 불만이 있습니다.

"첫 상담부터 사무장이 했고, 변호사와는 계약할 때 딱 한 번 인사를 했습니다. 그 이후에는 변호사랑 연락이 되지 않았고, 내내 사무장과 연락을 했어요. 담당변호사 연락처도 모르고 변호사와 연락은 전혀 되지 않았거든요. 사건의 진행이 어떻게 되는지 설명을 전혀 듣지 못해 답답했습니다."

변호사와 상담을 할 수 있고 직접 연락이 되는 곳을 선택하시기를 추천드립니다. 그 이유는 다음과 같습니다.

최근에는 변호사 사무실들도 광고를 많이 합니다. 키워드며 블로그며 SNS까지 다양한 방법으로 광고를 하지요. 광고에는 비용이 들고 공격적으로 광고하는 사무실들은 매달 수천만 원에서 수억 원의 광고비를 들이기도 합니다.

상황이 그렇다 보니 그러한 사무실에는 광고만 전담하는 직원, 상담 및 사건 관리를 전담하는 사무장들이 존재합니다. 변호사가 일일이 광고로 접촉하는 사람들을 일일이 상대할 수 없기 때문이기도 하지만 광고비 이상으로 수익을 얻어야 하니 사무장이 공격적으로 사건을 수임해야 하는 것이 주된 이유라고 볼 수 있습니다. 요즘 문제가 되는 사무실들은 사무장이 무리하게 영업을 하고 이를 넘어 불법적인 행위까지 자행하기도 합니다.

같은 변호사로 그런 이야기들을 들으면 '설마 변호사가 그렇게까지 하겠느냐.' 싶다가도, 변호사가 알았든 몰랐든 무관하게 결국 문제가 생기면 변호사는 몰랐다고 할 것이고 결국 사무장이 책임지고 퇴사하는 정도로 마무리될 것이 뻔하다는 결말이 그려집니다.

사무장들의 위태로운 영업들을 간략이 소개하자면, "내가(혹은 변호사가) 경찰·수사관 출신이어서 고소인이 제출한 내용에 대한 정보를 미리 다 빼올 수 있다."라고 한다거나, 사건이 진행 중일 때는 "다른 건이 고소된 거 같은데, 일단 돈을 입금하면 경찰에 얘기해서 잘 무마되게 해 주겠다."라고 하면서 계속 수백만 원대의 돈을 요구한다거나 하는 것입니다. 실제로는 사건이 추가로 들어온 것도 없는데 말이지요.

"그 사무실은 변호사의 수가 많으니까 제 사건을 담당하시는 분들이 많아서 도움이 된다고 들었습니다. 정보도 더 많이 얻을 수 있을 것 같아서 믿음직스러워 보입니다."

변호사가 많은 사무실이라고 하여 그 인원이 모두 내 사건을 담당하는 것은 아닙니다. 한두 명의 변호사를 제외하고는 내 사건이 있는지도 모른다고 보는 게 맞습니다. 그리고 대부분의 사무실은 소속 변호사 인원이 많아 보일 뿐, 각자 사무실들이 한 곳에 모여서 각자의 계산으로 일을 하는 형태가 대부분이기 때문에 서로 사건을 공유하지 않습니다.

물론 여러 명의 변호사들이 서로의 영역에서 도움을 주고받거나 정보를 교류할 수도 있겠지만 대부분의 복잡하지 않은 형사 사건(특히 성범죄 사건)은 그렇지 않습니다. 따라서 얼마나 많은 변호사가 내 사건을 담당을 하는지 보이는 것이 중요한 게 아니라, 내 사건을 담당하는 변호사가 내 사건에 대해 잘 이해하고 있고 나와 소통이 되는지가 가장 중요합니다.

특히 성범죄의 경우 워낙 광고도 많은 영역이다 보니 이런 허위 주장으로 피의자·피고인들을 현혹하여 사건을 수임하는 일이 허다합니다.

"저를 선임하시지는 않으시더라도,
꼭 변호사는 선임해서 대응하시길 바랍니다."

형사 사건 상담을 할 때 제가 꼭 해 드리는 말입니다. 자칫 변호사를 선임해서 대응하라는 말이 '어서 나를 선임하세요.'라고 들릴까 봐 "저를 선임하시지 않으시더라도."라는 말을 굳이 하게 되더군요. 피의자·피고인의 입장에서는 '인생에서 가장 힘들고 어려운 일에 처한 상황'에서 가장 사건을 맡기고 싶고, 믿음직스러운 변호사를 선택해야 하기 때문에 "저를 선임하라는 의미는 아니지만 꼭 변호사는 선임하시라."라는 말은 해 드리는 겁니다.

마치 몸이 아플 때 "병원에는 꼭 가 보시라."라고 말씀드리는 것과 같은 이치입니다. 지금 이 글을 쓰는 이유도 마찬가지입니다. 이미 발생한 일이고 변호사를 선임하여 도움을 받아야 하고 착수금으로 적지 않은 비용을 들여야만 하는 상황입니다. 이미 벌어진 일이라면 기왕이면 좋은 변호사를 만나야 하지 않겠습니까. 돌이켜 후회하면 너무 늦으니까요.

"저는 제가 정말 그런 일을 한 적이 없기 때문에, 제가 오히려 변호사를 선임해서 대응하면 찔리는 게 있다고 여길까 봐 혼자 대응했어요. 왜냐면 저는 당당하니까요. 무조건 무죄가 인정될 거라고 생각했으니까요. 수사관도 쉽게 넘어갈 거라고 말해서 안심하고 있었는데, 오늘 제 사건이 기소되었다는 얘기를 들었습니다. 너무 놀라고 당황스러워서… 이거 어떻게 해야 하지요?"

형사 사건에서는 변호인을 꼭 선임하시는 게 좋습니다. 특히나 억울한 누명을 쓰게 될 수도 있다면요. 그 이유는 법을 모르는 일반인 입장에서 인터넷 검색하고 스스로 상식이라고 생각하는 선에서 하는 대응이 위험할 수 있기 때문입니다.

변호인은 피의자 조사를 참여하면서 수사관이 하는 질문을 들어보면 수사관이 어떤 증거를 토대로 어떤 사실을 확인하고 싶어 하는지를 알 수 있습니다. 왜냐하면 각각의 범죄에는 구성요건이라는 것이 있고 수사관은 피의자 심문을 통해 그에 대한 내용을 확인하는 것이기 때문입니다.

따라서 피의자들이 억울하다며 아무리 설명을 하고 구구절절 대답을 한다고 해도, 범죄 성립에 관한 한두 마디 질문에 대한 대답이 잘못되는 경우 본인에게 불리한 증거로 남아 돌이킬 수 없게 되기도 합니다.

그렇기 때문에 진술이 중요한 증거가 될 경우, 담당 변호사와 경찰·검찰 조사에 동석할 수 있는지 확인하는 것도 중요합니다. 가끔 혼자 조사받고 온 이후 '이게 아니다.' 싶어 상담을 오시는 경우가 있습니다.

"수사관이 이러이런 걸 묻지 않더냐."라고 물어보면 의뢰인은 깜짝 놀라며 "맞다."라고 합니다. 의뢰인 입장에서는 제가 족집게처럼 느껴지겠지만, 법조계에 있는 사람 입장으로는 당연한 것입니다. 왜냐면 그걸 물어야 범죄를 저지른 게 맞는지를 확인할 수 있거든요. "답변을 뭐라고 했냐."라고 물었을 때 의뢰인이 하는 말을 들으면 머리가 아파지는 경우들이 많습니다. 왜냐면 본인도 모르게 '자백'을 하고 오는 경우들이 적지 않기 때문입니다. 그러니 부디 조사 참여만이라도 변호사를 대동하여 가시라고 조언을 드립니다.

가끔 엉터리 사무실들 이야기를 들으면 변호사 시장이 어떻게 되어 가고 있나 화가 날 때가 많습니다. 제발 '듣고 싶은 말(소송자료 빼 드릴 수 있어요. 제가 아는 사람이 많아요. 무조건 무죄 만들어 드릴게요 등등)을 해 주는 변호사'를 찾지 마시고, '어려운 상황을 정확히 파악하고 유사한 사례를 많이 다뤄 보고 내 사건을 객관적으로 진단해 줄 수 있는 변호사'를 선택하셔서 부디 현재 겪고 있는 어려운 상황을 잘 이겨 내시길 바랍니다.

채다은 변호사가 설명하는

복잡한 법 말고,
진짜 성범죄 사건

ⓒ 채다은, 2022

개정판 1쇄 발행 2022년 1월 20일

지은이	채다은
펴낸이	이기봉
편집	좋은땅 편집팀
펴낸곳	도서출판 좋은땅
주소	서울특별시 마포구 양화로12길 26 지월드빌딩 (서교동 395-7)
전화	02)374-8616~7
팩스	02)374-8614
이메일	gworldbook@naver.com
홈페이지	www.g-world.co.kr

ISBN   979-11-388-0573-5 (03360)

- 가격은 뒤표지에 있습니다.
- 이 책은 저작권법에 의하여 보호를 받는 저작물이므로 무단 전재와 복제를 금합니다.
- 파본은 구입하신 서점에서 교환해 드립니다.